HEYNE FILMBIBLIOTHEK

W0195148

Am Set von ›Nick of Time‹

Adolf Heinzlmeier

JOHNNY DEPP

Der sensible Don Juan

Originalausgabe

WILHELM HEYNE VERLAG
MÜNCHEN

HEYNE FILMBIBLIOTHEK
Nr. 32/245

Herausgegeben von Bernhard Matt
Redaktion: Rolf Thissen

BILDNACHWEIS

Deutsches Institut für Filmkunde 7, 8, 10, 11, 12, 13, 15, 16, 17, 23, 33, 50, 53,
55, 56, 58, 59, 67, 71, 73, 75, 77, 79, 81, 83, 85, 86, 89, 91, 93, 94, 95, 99, 100,
101, 103, 105, 106, 109, 115, 117, 119, 121, 122, 123, 125, 127, 129, 130, 131,
133, 134, 137, 139, 140, 141, 143, 144; Inter Topics/All-Action 26, Capital
Pict. 41, Globe 29, Online USA 147, Tetna USA 19, Shooting Star 37, 45,
Slocomb 47, 63; La Digue/Doc Orop 96; Pandis Media/Angeli/Philippe
Baxter 148, Angeli/Photofile 2, 6, 155, Araldo di Crollalanza 149,
Sygma 151, 153, Sygma/Tim Dickinson 112

Copyright © 1996 by Wilhelm Heyne Verlag GmbH & Co. KG, München
Printed in Germany 1996
Umschlagfoto: Pandis Media/Angeli/Rindoff/Garcia, München
Rückseitenfoto: Interfoto, München
Umschlaggestaltung: Atelier Ingrid Schütz, München
Herstellung: H + G Lidl, München
Satz: Fotosatz Völkl, Puchheim
Druck und Verarbeitung: Ebner Ulm

ISBN 3-453-11855-3

Inhalt

Johnny Depp bei den Dreharbeiten zu ›Nick of Time‹

Der sanfte Rebell

Der Exzentriker

In seiner Mischung aus Melancholie, Coolness und Magie
verkörpert Johnny Depp das Lebensgefühl einer ganzen Generation.

Er ist ein Kultstar, repräsentiert das Gesicht der neunziger
Jahre im Kino. Mädchenhaft blaß, träumt er geistesabwesend
vor sich hin, voll stiller innerer Dramatik, als würde er auf ein
Ereignis warten, das nie eintritt. Er imaginiert die Verkörperung der schönen Illusion. Dandyhaft morbid, halb Rockstar

Verträumter Exzentriker in ›Arizona Dreams‹

Märchenhafte Fantasy-Figur: ›Edward mit den Scherenhänden‹

und halb *Dead Man,* treibt er auf dem Meer der Unwägbarkeiten, spielt er zugleich den klassischen Märchenprinzen: ein feuchter Mädchentraum, doch leider schon vergeben, früher an »Winona forever« Ryder, dann an Topmodel Kate Moss. Johnny Depp ist der Superstar als Exzentriker, und das mit

Absicht. Er ist Kettenraucher, kippt angeblich drei Whiskys zum Frühstück und schlägt schon einmal eine Hotelsuite zu Bruch. Die Frage nach seinen Hobbys kann er nicht mehr hören. Nebenbei bemerkt, er sammelt unter anderem Harley Davidsons und alte Jeans aus den dreißiger Jahren.

Schon als beliebtem amerikanischen Fernsehliebling flatterte Johnny Depp mehr Fan-Post ins Haus als jedem anderen Star seiner Zeit (eingeschlossen Rob Lowe, Charlie Sheen und andere). Hysterische Teenies packten ihr Schamhaar in ihre Briefe an ihn und drohten mit Selbstmord, falls er sie nicht erhöre.

Zu seiner Exzentrizität paßt ein Ereignis, das wie ein ironischer Schicksalsschlenker düstere Akzente auf ihn warf. Als in der Nacht vom 30. auf den 31. Oktober 1993 vor der Tür seines Nightclubs *Viper Room* das Jugendidol River Phoenix zusammenbrach und an einer Überdosis Drogen starb, konnte Johnny Depp wirklich nichts dafür, aber es wurde ihm doch angelastet, rundete sein Nachtschatten-Image ab.

Es klingt einleuchtend, was Regisseur John Waters über ihn sagte: »Johnny könnte wunderbar einen Massenmörder spielen.«

Hüte

Johnny Depp sieht gut aus mit Hut, aber nicht wohlbehütet. In *Dead Man* (1995) treibt er mit dieser Kopfbedeckung auf das offene Meer hinaus, ein skurriler Revolvermann wider Willen in einem fremden Land, »den diese Welt nun nichts mehr angehen wird«, wie sein indianischer Freund Nobody verkündet. Die kleine schwarze Melone schützt den stutzerhaften Helden nicht, aber sie kleidet ihn gut, ist eine letzte Reminiszenz an seine einstige Buchhalter-Existenz im fernen Cleveland.

Auch in *Benny und Joon* (1993) trägt Johnny Depp die dunkle Melone, setzt er Pantomime gegen Panik, Slapstick gegen Depression, indem er mit Charme Charlies berühmten Bröt-

Johnny Depp imitiert Chaplins Brötchentanz aus ›Goldrausch‹

chentanz aus *Goldrausch* (1925) imitiert. Das Hütchen wird hier zum Accessoire einer clownesken Hommage an den großen Charlie Chaplin. Und das nicht zufällig, denn auch Johnny Depps Spiel pendelt ständig zwischen Tragik und Komik, Witz und Trivialität.

Tätowierungen

Einem Gerücht zufolge muß Johnny Depp gedoubelt werden, wenn sein nackter Oberkörper von der Kamera erfaßt wird. Denn angeblich ist sein Körper mit Tattoos übersät. Tatsache ist, daß er sich schon in seiner Jugendzeit auf seinen rechten Bizeps den Kopf eines Indianerhäuptlings tätowieren ließ, um seine Verbundenheit mit den Cherokee auszudrücken.

Neben anderen wie dem Namen seiner Mutter ist sein berühmtestes Tattoo »Winona forever«. Johnny kaufte während seiner heißen Liebesaffäre mit Winona Ryder nicht wie jeder bürgerliche Kleingeist ein paar Verlobungsringe, sondern ließ sich sein Liebesbekenntnis gleich in die Haut stechen. Winona reagierte heftig, als sie das Tattoo sah: »Ich war schockiert«, erklärte sie, »ich wollte weiter daran glauben, daß man es abwaschen kann oder so was.«

Hoffnungsloser Romantiker und Komödiant: ›Don Juan de Marco‹

»Du kannst es nicht verlieren durch ein Abflußrohr«, bemerkte Johnny, »Tattoos sind extrem beständig. Es ist etwas Schmerz damit verbunden, aber ein erfreulicher.«
Heute will er nach seinen Tätowierungen nicht mehr befragt werden, er findet es einfach lästig.

Loneliness

Sein fein geschwungener Mund, die tieftraurigen Augen, seine ganze marionettenhafte Körperhaltung sind Ausdruck einer Anatomie der Schwermut, gepaart mit narzißtischer Melancholie.
Er ist ein introvertierter Mensch, der seine Leidenschaften

Marlon Brando

Buster Keaton

melancholisch genießt. Doch ob er nun einen netten Jungen von nebenan spielt wie in *What's Eating Gilbert Grape* (1993) oder einen phantasievollen Liebhaber wie in *Don Juan de Marco* (1995), immer schwingt die Sinnlosigkeit allen Tuns in seinen Äußerungen mit.

In seiner stoischen Mimik erinnert Johnny Depp an einen Stummfilmkomiker, aber zugleich ist er der Vertreter einer modernen Jugend, die sich trotz aller Fitneß- und Hightech-Ideologie gern in nihilistischer Ausweglosigkeit suhlt.

Vorbilder

Sein frühester Traum war es, der erste weiße Star der *Harlem Globetrotters* zu werden. Johnny Depp ist ein Bewunderer des Entfesselungskünstlers Harry Houdini. Ganz oben auf der Liste seiner filmischen Vorbilder stehen Buster Keaton und Marlon Brando.

Gerüchte

Um sich auf eine neue Rolle einzustimmen, läßt er sich fünf Tage in einem Pool voller Milch treiben. »Ich bin ein Gefangener meines Images«, ist ein Lieblingssatz von Johnny Depp, über den haufenweise Gerüchte in Umlauf sind. Angeblich wird er bald heiraten und dabei eine Orgie im Haus von Calvin Klein feiern. Oder Madonna treibt es mit ihm drei Tage und drei Nächte in einem Swimmingpool ohne Wasser.

Johnny Depp mangelt es nicht an Selbstironie: »Sollte ich jemals einen Film von mir sehen und sagen: ›Das war gut‹, ertränke ich mich anschließend.«

Küsse

FRAGE: Wie geht das, wenn Johnny Depp zum Beispiel Juliette Lewis (seine Partnerin aus *Gilbert Grape – Irgendwo in Iowa*) küssen muß? Ist das überhaupt ein Kuß?

JOHNNY DEPP: Ach ja: Juliette Lewis. Da gibt und gab es niemals ein Geheimnis.

FRAGE: Gibt es einen Trick?

JOHNNY DEPP: Man macht einen Filmkuß. Das war's. Man läßt die Zunge aus dem Spiel.

Außenseiterrollen

Die klassischen männlichen Kinohelden wurden einst in Kategorien eingeteilt wie »der Hartgesottene«, »der Fremde« oder »der gute Junge von nebenan«.

Johnny Depp paßt in keines dieser Schemata. Meilenweit entfernt ist sein Image von Stars wie Gregory Peck oder Jack Nicholson, und auch mit seinem Idol Marlon Brando hat er

Johnny Depp mit Juliette Lewis in ›Gilbert Grape‹

wenig gemein. Wollte man ihm ein filmhistorisches Mäntel-
chen umhängen, dann paßt der stoische Komiker Buster Keaton in seine Ahnengalerie, gemixt mit einem Schuß Rudolpho
Valentino.

Seine Helden geben sich zwar lakonisch, aber unheroisch, sie
drücken ihre Emotionen ohne Mimik aus, mit einem skepti-
schen Lächeln, nonverbal. Die Erotik seiner ebenmäßigen
Schönheit ist von großer Verführungskraft, erinnert an den
Latin Lover, aber ohne Eintänzerqualitäten.

Seine Figuren sind Phantasiewesen aus dem Märchen,
Außenseiter, Exzentriker. Mal klappern sie mit den Scherenhänden, mal starten sie Flugversuche in Arizona. Immer sind
es Zerrissene, Antihelden, Antimuskelmänner. Und spielt er
wirklich mal den Revolverhelden, wird daraus todsicher eine
Reise ins Nirwana.

›Edward mit den Scherenhänden‹

Seine erste Hauptrolle verdankt Johnny Depp dem Außenseiter John Waters, der ihm in *Cry Baby* (1990) eine Chance
gab. Und der junge Mime nutzte sie. Er wurde ein Rocker mit
Elvis-Entenschwanzfrisur, und jedesmal, wenn er seine Lieb-
ste sah, rollte ihm eine glitzernde Träne über die Wange. So
ließ sich Johnny Depp schon in seiner ersten Hauptrolle auf
eine Persiflage ein, die Karikatur eines Rockstars und seine
eigene Parodie als Teenager-Idol.

Der Vergleich ist verwegen, aber nicht daneben: Was für Marlene Dietrich Josef von Sternberg und *Der Blaue Engel* waren, wurde für Johnny Depp John Waters. Er gab ihm mit *Cry Baby* sein Gesicht. Damit war eine Pop-Ikone geboren, der blasse Narziß mit Schmalzlocke und Lederjacke, cool bis auf die Knochen.

John Waters über den schönen Johnny: »Ich glaube, er wird einmal ein neuer Robert Mitchum.« Diese prophetischen Worte zeigten fünf Jahre später Wirkung, als der gealterte Robert Mitchum in *Dead Man* einen brillanten Kurzauftritt hatte.

Johnny Depp mit Amy Locane in ›Cry Baby‹

Pop-Ikone

Johnny Depp begann seine Karriere mit einer Gitarre. Beim Film landete er, als es mit der Popmusik nicht aufwärtsgehen wollte. Nachdem er Filmstar geworden war und sich einen *Viper Room* leisten konnte, spielte er in seinem eigenen Nightclub wieder Rockmusik.

Johnny Depp mag die Texte von »Nirwana« und Kurt Cobain, der sich im April 1994 erschoß. Sein beliebtestes Riff sei »Jumpin' Jack Flash«, bekannte Johnny, der inzwischen seine erste LP auf den Markt geworfen hat. Sie trägt den schlichten Titel »P«. Gibby Haynes von den »Butthole Surfers« singt, Flea von den »Red Hot Chili Peppers« spielt Baß, der frühere »Sex Pistol« Steve Jones Gitarre. Dazu kommen noch der Blues-Oldie Bill Carter und Johnnys alter Jugendfreund Sal Jenco. Besonders hip ist ein alter »Abba«-Song, die lustige Cover-Version von »Dancing Queen«.

Mit belegter Stimme

Johnny Depp spricht leise, ohne Betonung, mit der leicht belegten Stimme des Rauchers; seine Stimme klingt nach hunderttausend Gläsern Whisky. Manche Sätze kommen zeitlupenhaft langsam, als wollte er das Gesagte unterwegs vom Großhirn zum Mund noch einmal überdenken.

Wörter wie »Shit« oder »Fuck« fallen in einem Gespräch mit ihm locker, sonst wirkt er eher maulfaul. Er ist bekannt für seine Sprüche. Eine Fernsehserie sei dazu da, die Zeit zwischen den Werbeblöcken zu füllen, sagte er über *21 Jump Street,* die Reihe, mit der er berühmt wurde.

Auf die Frage, was er von seinen Eltern geerbt habe, antwortete er: »Geistige Verwirrung und Nikotinsucht.«

FRAGE: Wer wirklich berühmt ist, versucht seinem Ruhm zu entkommen?

ANTWORT: Dem Teufel.

FRAGE: Stört Sie der Ruhm?

Johnny Depp und Kate Moss

ANTWORT: Wenn etwas nervt, dann wohl Ruhm. Manche gehen, wenn sie bekannt werden, unter Leute und lassen sich
feiern. Andere gehen eher in sich und denken viel nach. Ich
gehöre zu der zweiten Sorte.
FRAGE: Was tut Johnny Depp dafür, daß er in absehbarer Zeit
stirbt?

ANTWORT: Ich rauche.

FRAGE: Haben Sie einen Hang zum Mystischen?

ANTWORT: Ich glaube an Geister ... Hier in Paris habe ich in dem Hotel übernachtet, in dem Oscar Wilde gestorben ist ...

FRAGE: Was hätten Sie getan, wenn er aufgetaucht wäre?

ANTWORT: Ich hätte ihm seine geisterbleiche Hand geschüttelt ...

FRAGE: Wo werden Sie leben, wenn Sie siebzig sind?

ANTWORT: Ich bin hundert Jahre alt. Ich habe mir eine Insel gekauft. Ich trinke eine Flasche Rum.

FRAGE: Würden Sie jemanden töten?

ANTWORT: Gott im Himmel, ja. Wenn jemand kommen würde, meiner Familie zu schaden, einem Freund, meinem Mädchen – ich würde ihn aufessen ...

FRAGE: Ist Kate Moss manchmal eifersüchtig?

ANTWORT: In *Don Juan* mußte ich mit fünfzehnhundert nackten Nixen herumfummeln. Mir hat das mehr zu schaffen gemacht als Kate.

FRAGE: Man munkelt, Sie wollten sich in Paris häuslich niederlassen?

ANTWORT: Ja, ich suche nach einem Haus, hier oder in Südfrankreich ... Ich würde gern heiraten und Kinder aufziehen.

FRAGE: Ich dachte, Sie sind der Rebellentyp?

ANTWORT: Na ja, vielleicht bin ich schizophren. Ich habe von allem etwas in mir.

FRAGE: Was sagen Sie zum amerikanischen Traum?

ANTWORT: Ich halte ihn eher für einen Alptraum ... Schwerbewaffnete Verrückte fahren mit ihren Autos durch die Gegend und erschießen wahllos Menschen. Was noch viel schlimmer ist, keiner scheint sich an dieser Brutalität zu stören ... Ich glaube, der amerikanische Traum ist spätestens in den siebziger Jahren beerdigt worden.

FRAGE: Welche erfolgreichen Filme gefallen Ihnen?

ANTWORT: *Pulp Fiction* und *Jurassic Park* ... Von meinen eigenen Filmen war schließlich nicht ein einziger ein Kassenerfolg. Und wissen Sie was: Dafür muß man sich nicht schämen. So, wie das US-Filmgeschäft heute aussieht, ist das fast schon ein Gütesiegel.

FRAGE: Haben Sie jemals einen Ihrer Filme im Kino gesehen?

ANTWORT: Ja, ich wurde davon magenkrank. Nein, es ist mir unangenehm, mich auf der Leinwand zu sehen.

FRAGE: Wissen Sie, was Ihr Name auf deutsch bedeutet?

ANTWORT: Idiot (er lacht), das trifft es doch ganz gut.

Johnny B. Good:
Geschichte einer Karriere

Owensboro, Kentucky

Jedesmal, wenn Johnny Depp sein Repertoire wieder um eine exotische Rolle erweiterte, versuchten findige Filmjournalisten eine Parallele zu seinen Jugenderlebnissen hineinzuinterpretieren. Der Star selbst gibt zu, seine frühe Jugend in seinem Spiel neu zu erfinden, aber nicht so, wie man sich das vorstellt.

»Ich paßte nirgends hinein«, erklärt Johnny Depp zu seiner Kindheit. »Die Rolle des Ed Wood löste ein starkes Echo in mir aus. Wie er wuchs ich mit dem Gefühl auf, Teil einer stumpfsinnigen Maschinerie zu sein. Es war dasselbe Gefühl, das ich als Edward mit den Scherenhänden hatte.«

Geboren wurde er als John Christopher Depp II am 9. Juni 1963 in Owensboro, Kentucky. Er hat noch zwei Schwestern, Debbie und Christi, und einen Bruder namens Dan. Zwei der Kinder stammen aus der ersten Ehe der Mutter.

Sein Vater John Depp senior, von Beruf Ingenieur, war bei der Stadt Owensboro angestellt. Seine Mutter Betty Sue arbeitete als Serviererin im örtlichen Coffeeshop. Mit der Mutter verstand sich Johnny Depp gut. Er erinnert sich: »Sie fluchte wie ein Seemann, spielte Karten und rauchte eine Zigarette nach der anderen.«

Seine Familie war typischer amerikanischer Mittelstand, der vom wirtschaftlichen Aufschwung der Nachkriegsjahre profitierte. Man arbeitete fleißig von neun bis fünf, lebte in einem Häuschen im Vorort mit dem üblichen Garten und dem Wagen – alles war so, wie man es von Bildern aus den Hochglanzmagazinen kennt. Der amerikanische Traum war für die Familie des John Depp senior Wirklichkeit geworden.

Nicht für Johnny, der hatte etwas ganz anderes im Sinn.

Sein Großvater mütterlicherseits war ein vollblütiger Cherokee-Indianer, daher die scharfen Wangenknochen, die Johnny Depps Gesicht Profil geben und ein Antlitz berühmt machten, dessen Reifung man durch die Titelbilder der Yellow-Press verfolgen konnte.

Es gibt das Gerücht, wonach die Ahnentafel der Familie auch deutsche und irische Vorfahren aufweisen soll, doch das ist ungesichert. Als Knabe bekannte Johnny Depp sich zu seiner indianischen Abstammung, und bei Cowboy-und-Indianer-Spielen siegten immer die Rothäute.

Johnny Depp war ein widerspenstiger Junge, stolz bis zur Sturheit. Das brachte ihn permanent mit den guten Sitten und den Autoritäten in Konflikt. John und Betty Sue schafften es auch mit vereinten Kräften nicht, aus ihm einen freundlichen, adretten Vorortjungen zu machen.

Als John Christopher II wieder einmal auf einen seiner Lehrer wütend war, opponierte er, indem er die Hosen herunter-

Vorhang auf: Johnny Depp als ›Stummfilmkomiker‹ in ›Benny und Joon‹

ließ und den blanken Hintern zeigte. Danach soll er von der Schule geflogen sein.

»Ich war ein seltsamer Junge«, gibt Johnny Depp zu. »Mit fünf Jahren wollte ich Daniel Boone sein, später Bruce Lee.« Seine Lieblingstiere waren nicht Meerschweinchen oder Katzen wie bei anderen Kindern, sondern Eidechsen, die er zu zähmen versuchte, indem er ihnen auf den Kopf klopfte, wenn sie die Laufrichtung ändern sollten.

Zu seinen frühesten überlieferten Kindheitserinnerungen gehört angeblich der große Zeh seiner Großmutter. »Er sah aus wie die herzförmige Frucht des Cashew-Nußbaums. Die Oma wurde einhundertzwei Jahre alt.«

Im Lauf der Pubertät wandelten sich Johnny Depps Vorlieben, die Musik kam dazu, sie wurde bald eine seiner großen Leidenschaften.

Zu seinen Obsessionen gehörte die Hard-Rock-Band »Kiss«, und er bewunderte den Motorradartisten Evel Kniefel, der in den siebziger Jahren als waghalsiger Stuntman zu Ruhm kam. Auch Pop-art nahm einen breiten Raum in Johnny Depps Phantasiewelt ein, und er verehrte den Maler Vincent van Gogh, dessen tragisches Leben und dessen Kampf um sein künstlerisches Werk ihn beeindruckten.

Johnny Depps Hauptproblem bestand in der Diskrepanz zwischen der glanzlosen Realität seines Vorortlebens und seiner überbordenden Phantasie.

Als er sieben Jahre alt war, zog seine Familie von Kentucky nach Florida in den Arbeitervorort Miramar außerhalb von Miami. »Miramar glich Endora, jenem Ort, in dem *What's Eating Gilbert Grape* (1993) spielt«, erläutert Johnny Depp. »Es gab zwei einander gegenüberliegende Kramläden, und nichts passierte jemals dort.«

Die Familie lebte über ein Jahr in einem Motel, bis der Vater wieder eine Anstellung bei der Stadt fand. Es war ein Vorgeschmack auf Johnny Depps angehende Existenz als Filmstar. Auch da hatte er keine eigene Wohnung, zog statt dessen von einem Hotel zum nächsten.

Der Onkel

Einen besonderen Einfluß übte damals einer seiner Onkel auf den jugendlichen Johnny Depp aus. Er war Prediger und leitete eine Gospelsängergruppe.

Der Jungstar erzählte später John Waters in dem Magazin *Interview:* »Der Onkel leistete ganze Arbeit, wenn er auf der Kanzel stand, die Arme ausbreitete und schrie: ›Kommt hoch zu mir, und ihr werdet gerettet!‹, und die Leute kamen tatsächlich hoch. Diese ganze komische Anbetungskiste!«

Johnny Depp saß oft im Saal und verfolgte aufmerksam die Vorstellung seines Onkels. Er lernte dabei, wie man ein Publikum fesselt. Er beobachtete genau, mit welchen Tricks der Prediger das Vertrauen seines Publikums gewann, es von der Wichtigkeit seiner Botschaft überzeugte.

Es war sein erster unentgeltlicher Schauspielunterricht.

Johnny Depps Interesse an Rockmusik wurde mit der Zeit immer stärker. Als er zwölf war, schenkte ihm seine Mutter eine elektrische Gitarre.

Danach zog sich Johnny für ein Jahr zurück in sein Zimmer und brachte sich in hartem Training selbst das Spielen bei. Er hörte sich so lange Platten von Rockgitarristen an, bis er einige Nummern nachspielen konnte; danach spielte er in einer Garagenband mit. »Meine erste Band hieß ›Flame‹. Dann spielte ich bei den ›Kids‹, es war die Gruppe, mit der ich nach Hollywood ging«, erinnerte sich Johnny Depp.

Seine Erfolge in der Schule waren bescheiden. Nach drei Jahren hatte er die High School satt. Er langweilte sich, begann die Schule zu hassen. »Ich hing herum mit ein paar üblen Typen«, sagte er in einem Interview. »Wir verübten Einbrüche. Einmal brachen wir in die Schule ein und verwüsteten einen Raum. Wir klauten alles mögliche Zeug im Drugstore.«

Die Lehrer hatten Grund genug, sich um Johnnys Zukunft Sorgen zu machen. Er war gewalttätig. »Mit zwölf begann ich zu rauchen, mit dreizehn verlor ich meine Unschuld, und als ich vierzehn war, nahm ich alles an Drogen, was es so gab. Ich

Skurrile Filmfiguren ...

war wild darauf, neue Erfahrungen zu machen.« Zum Glück war Johnny Depp nicht allzu neugierig, sonst hätte es Edward mit den Scherenhänden, Gilbert Grape und andere seiner unvergeßlichen Filmfiguren nie gegeben.

Als er bereits berühmt war, wollte einer seiner Lehrer ein Autogramm von ihm. Johnny konnte es nicht fassen. »Was sollte ich sagen? Ich erinnerte mich, daß mich dieser Lehrer vor versammelter Klasse niedergebrüllt hatte. Sie alle hatten erwartet, daß ich als Junkie im Knast landen würde.«

Er hätte der Schule entkommen und den Job an der Tankstelle um die Ecke annehmen können. Vermutlich wäre er dann wirklich im Gefängnis gelandet. Doch mit vierzehn gab Johnny Depp die harten Drogen auf, konnte aber die Finger von Alkohol und Zigaretten nicht mehr lassen.

Seine Eltern, John und Betty Sue, ließen sich scheiden, als Johnny Depp fünfzehn Jahre alt war. Er erinnert sich gut an diese traurige Phase seiner Jugendzeit, in der er in der Angst lebte, sein Heim zu verlieren. Er zog dann zu der Mutter, deren Namen er sich auf den linken Arm hatte tätowieren lassen. Auf seinen rechten Bizeps war der Kopf eines Indianerhäuptlings tätowiert, was seine Verbundenheit mit den Cherokee ausdrücken sollte. Johnny Depp ritzte sich selbst auch die Initialen seines Namens in seinen Arm.

Er lebte nun mit seinem Bruder Dan und seiner Schwester Christi bei der Mutter, die unter der Scheidung litt. »Sie war tief verletzt, psychisch und emotional fertig. Es ist eine traumatische Erfahrung für eine Familie, aber wir hielten zusammen und machten das Beste daraus.«

Die Trennung seiner Eltern löste bei Johnny Depp tiefe Verunsicherung aus, er betrachtete sich als Außenseiter, als Versager in der Schule. Es war eine Zeit, in der er mit sich selbst im Clinch lag, unfähig zu neuen Bindungen. Später traten diese Konflikte verwandelt und in Gestalt seiner skurrilen Filmfiguren wieder an die Oberfläche.

Rockmusik und frühe Heirat

Sein bester Freund damals war Sal Jenco, er trat wie Johnny Depp später in der TV-Serie *21 Jump Street* in Erscheinung. Kurz bevor er endgültig von der Schule abging, zog Johnny bei seiner Mutter aus und mit Sal zusammen. Weil sie sich keine Bude leisten konnten, hausten sie auf dem Rücksitz von Sals Wagen, einem 67er Impala. Sein Freund war ebenfalls von zu Hause abgehauen, und Johnny wollte ihn nicht allein lassen.

Der Rücksitz des Wagens füllte sich allmählich mit Pappbechern und leeren Bierdosen, denn die Freunde ernährten sich überwiegend von Gerstensaft und billigen Sandwiches. Schließlich gab Johnny Depp 1979 seinen ungleichen Kampf mit den Autoritäten des akademischen Betriebs auf; er ging von der High School ab und warf sich auf eine Karriere als Rockmusiker mit seiner Band »The Kids«.

Sie spielten bekannte Nummern nach und begannen als Vorgruppe für berühmte Bands, doch damit war Johnny Depp nicht zufrieden. Die »Kids« entwickelten bald ihre eigenen Songs, die so klangen wie eine Mischung aus »U 2« und den »Sex Pistols«. Die Band wurde zu dieser Zeit als Geheimtip gehandelt, sie galt als lokale Sensation in Florida und spielte als Vorgruppe für die »Talking Heads« und andere Superstars der Rockszene.

»Ich trat in verschiedenen Nightclubs in Florida auf«, erinnert sich Johnny Depp, »ich war noch ein Jugendlicher und mußte durch die Hintertür kommen, nach dem Auftritt verschwand ich wieder. Ich verdiente um die fünfundzwanzig Dollar die Nacht. Mit der Band kamen wir schon mal auf zweitausendeinhundert Dollar für die ganze Woche.«

Es war die Zeit, in der Johnny Depp sich endgültig von seiner Familie löste, um auf eigenen Füßen zu stehen.

»Wir machten eine Show mit Iggy Pop, als ich achtzehn war. An diesem Abend war ich sturzbetrunken. Ich hing noch an der Bar, als der Club schon geschlossen hatte. Da sah ich Iggy in komischen Schuhen mit einem Hund um den Club tapern, und ich fing an, ihn anzubrüllen. Ich schrie: ›Fuck you‹, obwohl er bis dahin eines meiner Idole gewesen war; ich weiß nicht, weshalb ich das tat. Er trat nahe an mich heran, und ich dachte, jetzt schlägt er mich, aber dann sagte er nur: ›Du kleiner Kacker‹, und ging weiter.«

Johnny Depp und Iggy Pop

Johnny Depp traf Iggy Pop wieder bei den Dreharbeiten zu *Cry Baby* (1990). Dort besprachen sie noch einmal den Vorfall und meinten, sie seien wohl beide schlecht drauf gewesen. Im Jahr 1983 war Johnny so weit, daß man von einem bescheidenen Erfolg als Rockmusiker sprechen konnte, jedenfalls auf lokaler Ebene. Da stürzte sich der Zwanzigjährige in ein neues Abenteuer: er heiratete.

Lori Ann Allison, eine fünfundzwanzigjährige Musikerin, war die Schwester eines Kollegen aus seiner Rockband. Johnny und Lori Ann waren sich einig und gingen sehr schnell den Bund der Ehe ein. Als es passiert war, stellte sich heraus, daß die Sache in Streß ausarten würde.

»Wissen Sie, ich war schon mit zwanzig einmal verheiratet«, erinnert sich der Star heute. »Ich fühlte mich stark verbunden mit ihr, aber es war keine Liebe. Es ist so ein Gefühl, das überfällt dich, wenn du glücklich bist. Ich habe diese Dinge erst, als ich – sagen wir – dreißig war, begriffen.«

Das war allerdings nicht seine einzige Romanze. Johnny Depp hatte früher schon einmal für ein Mädchen geschmachtet, er war verknallt wie Romeo in seine Julia. Er hing mit ihr auf Partys herum, schwebte im siebten Himmel, hätte alles für sie getan. Dann brannte sie mit einem Football-Spieler durch. Jahre später sah er sie wieder, als er in einem Club spielte. In einer Pause setzte er sich zu ihr an die Bar, sah sie an – es war dasselbe hübsche Gesicht, aber sie wog inzwischen zweihundertfünfzig Pfund und hatte vier Kinder. »Mann, und diese Frau hat mir einmal das Herz gebrochen, als ich ein junger Kerl war!«

Die Zeit seiner Ehe mit Lori Ann betrachtete Johnny Depp für sich als eine Art Reifungsprozeß, der ihn von den Suburbs in Florida wegführte nach Hollywood. Er hegte in jenen Tagen recht konventionelle Ansichten, was die Familie betraf, wollte eine Ehe führen, Kinder haben und all diese Dinge – und alles besser machen als seine Eltern. Das mißlang ihm gründlich. »Ich hatte die richtige Einstellung, aber das verkehrte Timing und die falsche Ehefrau«, sagt Johnny über seine Ehe, die bereits 1985 wieder geschieden wurde.

Ehe es mit Lori Ann zu Ende ging, brach Johnny Depp seine Zelte in Florida ab und machte sich mit seiner Frau und der Rockband auf nach Los Angeles. Dort wollte ein Manager namens Don Ray die »Kids« groß herausbringen.

Das gestaltete sich aber schwieriger als vermutet. »Es war ein Horror«, gab Johnny Depp in einem Interview zu. »Es gab so viele Bands in Hollywood, daß es unmöglich war, damit Geld zu verdienen. Deshalb hatten wir alle noch Nebenjobs. So arbeiteten wir als Telefonverkäufer und verdienten hundert Dollar die Woche.«

Johnny Depp verhökerte wertlose alte Uhren, Füllfederhalter und ähnlichen Kram, und er begriff bald, daß er als Verkäufer eine Niete war. »Was habe ich hier verloren?« fragte er sich am Ende dieser Arbeit, und dann gab er den Leuten den

Rat: »Hören Sie, kaufen Sie das Zeug lieber nicht!« Mit den »Kids« ging es so weiter wie in Florida. Sie hatten gelegentliche Auftritte als Vorgruppe, kamen aber über dieses Niveau nicht hinaus. Johnny Depp begriff eines Tages, daß er damit nie Karriere machen würde.

In diese Zeit fiel dann seine Trennung von Lori Ann. Er fühlte sich dabei schuldig, denn er hatte das Gefühl, daß er genau an denselben Problemen gescheitert war wie sieben Jahre zuvor seine Eltern.

Horrorfilme

Mit der Trennung von seiner Ehefrau verband sich auch ein positiver Aspekt für Johnny Depp. Lori Ann traf sich in der letzten Phase ihrer Beziehung häufig mit dem Schauspieler Nicolas Cage, dem Neffen des Regisseurs Francis Ford Coppola. Auf diesem Umweg kam auch Johnny mit Nicolas in Kontakt; die beiden verstanden sich auf Anhieb gut, und Cage überredete seinen neuen Freund, sich ebenfalls als Schauspieler zu versuchen. Er vermittelte ihn an seinen Agenten, und urplötzlich sah Johnny Depp sich einem Filmangebot gegenüber. Man wollte von ihm für den Low-Budget-Film *Nightmare on Elm Street* (1984) Probeaufnahmen sehen.

Regisseur Wes Craven war bis dahin durch ein umstrittenes Remake von Ingmar Bergmans *Jungfrauenquelle* (1959) mit dem Titel *The Last House on the Left* (1972) aufgefallen. Für seinen neuen Film erfand er Freddy Krueger, ein schrilles Monster, das bald zur Kultfigur mutieren sollte. Freddy Krueger ist ein gräßlicher Unhold mit verbrannter Visage und rasiermesserartigen Krallen, und seine Spezialität besteht darin, unschuldige Mädchen in ihren nächtlichen Alpträumen heimzusuchen, wobei die Grenzen zwischen Traum und Realität fließend verlaufen.

Die Hauptfigur des Freddy Krueger übernahm der Schauspieler Robert Englund, der damit berühmt wurde, denn dem Streifen waren zahlreiche Sequels beschieden. Die weibliche

Hauptrolle spielte Heather Langenkamp – sie ist die einzige, die dem Monster entkommt –, ihren Freund sollte Johnny Depp mimen.

»Ich wußte nicht, was Wes von mir erwartete«, erklärte Johnny später. »Laut Skript sollte ich einen großen blonden Beachboy spielen, tatsächlich war ich damals ein ausgemergeltes Nachtgespenst mit Ohrringen und abstehenden Haaren. Aber fünf Stunden später rief mich der Agent an und sagte, ich hätte die Rolle.«

Doch es lagen noch andere Gründe vor, weshalb Johnny Depp die Rolle bekam; ein nicht unwesentlicher war die Tatsache, daß Wes Cravens Tochter ein Auge auf ihn geworfen hatte.

Den Einstieg ins Filmgeschäft schaffte der Möchtegern-Rocker durch sein gutes Aussehen. Aber es kam noch etwas Entscheidendes hinzu. Wes Craven wählte Johnny Depp vor allen anderen aus, weil er »dieses stille Charisma hatte, das kein anderer Kandidat besaß, eine Art James-Dean-Attraktion. Er besaß eine kraftvolle, sehr subtile Persönlichkeit. Meine Teenager-Tochter und ihre Freunde sahen die Probeaufnahmen und flippten fast aus.«

Diese erste Filmrolle als Glen Lantz war gleich sehr typisch für Johnny Depp, verwies auf ähnliche Figuren, die er später spielen sollte. Glen ist der Freund der Heldin Nancy. Doch anstatt bei ihr zu wachen, um sie vor den nächtlichen Attacken des Alptraummonsters zu schützen, schläft er ein. Das wird bestraft. Er wird förmlich in das Bett eingesogen und dann als Blutstrom wieder ausgespuckt. Dabei umkreist die Kamera ständig den Ort, während viele Liter Blut aus dem Bett strömen und die Wände hochschießen.

»Ich liebe diese Art von Stoff«, sagte Johnny Depp in einem Interview mit der Zeitschrift *Fangoria,* »mein blutiger Körper läuft aus, und dann kippt er einfach um …«

Den Film fanden manche Kritiker scheußlich und unappetitlich, er war voll religiöser und esoterischer Symbolik, Kunstblut floß in Strömen. Die Fans erfreuten sich an den irren

Special Effects und der horriblen Story. Und er begründete den Ruf des exzentrischen Horrorfilm-Machers Wes Craven. Nach *Nightmare on Elm Street* war Johnny Depp im Filmgeschäft. Und dort sollte er bleiben. Obwohl er in seinem Debütfilm wenig Gelegenheit fand, mit schauspielerischen Leistungen zu glänzen.

Immerhin verdiente er mit diesem Film ordentlich Geld. Für die sechs Wochen Drehzeit kassierte er pro Woche zweitausendeinhundert Dollar. »So etwas hatte ich bisher noch nicht erlebt. So viel Geld für gar nichts.«

Johnny Depp erwartete nicht, daß man ihn nun mit Angeboten überhäufen würde. Immerhin hatte er sein Debüt in einem Film gegeben, der Aufsehen erregte. Mit diesem Film wurde dem Horrorgenre frisches Blut gespendet, meinte die

Nick Corri, Amanda Wyss, Johnny Depp, Heather Langenkamp (v. l. n. r.) in ›Nightmare on Elm Street‹

Kritik. Der Film sei phantasievoll in seinen schrillen Spezial-
effekten. Selbst die deutschen Rezensenten mußten das ein-
gestehen: »Aber wo die Stephen-King-Filme aufhören, da
gerät der neueste Schocker von Wes Craven erst richtig in
Fahrt … Das provoziert Widerstände en masse, Zensurauflagen,
gen, Indizierungsversuche, garantiert aber, mit dem richtigen
Image versetzt, auch schon wieder den Status des Kultfilmers.«
(Fischer Film Almanach 1986)
Johnny Depp nahm nun Schauspielunterricht, und er verließ
die »Kids«, die danach auseinanderbrachen. Statt dessen
schloß er sich einer anderen Band mit dem Namen »Rock
City Angels« an.
Den nächsten Film, in dem Johnny Depp mitspielte, würde er
nachträglich gern aus seiner Filmographie streichen. Es war
die Teenager-Sex-Klamotte *Private Resort* (1985); die deutsche Videoversion kam unter dem Titel *Die Superaufreißer*
heraus, und das sagt alles. Es war eines jener in der Vor-Aids-
Ära der frühen achtziger Jahre wie am Fließband produzier-
ten billigen Teenie-Filmchen.
Johnny Depp spielt Jack, einen Möchtegern-Casanova in einem Feriencamp in Florida, der mit seinem Freund Ben hinter leichtbekleideten, powackelnden Bikinimädchen herhe-
chelt und dabei ständig an die Falsche gerät. Die Story ist
oberflächlich, verworren, albern und konfus. In der grellen
Sonne unter all den netten Girlies sieht Johnny Depp im
roten Hemd aus wie alle, und er hat auch keine Chance, in
irgendeiner Weise stilistische Akzente zu setzen.
Private Resort zeitigte noch unerwünschte Nebenwirkungen
für ihn. Johnny ist einmal kurz nackt zu sehen von hinten, und
plötzlich fand er sich in einem Video für Homosexuelle wieder mit der Ankündigung: »Wem gehört dieser knackige Hintern? Richtig, dem jungen und heißen Johnny Depp!«
Er selbst kommentierte *Private Resort* kurz und knapp: »Es
war ein stupider Film!«
Auch den folgenden Film, *Slow Burn* (1986), hätte er später
lieber aus seinem Gedächtnis gestrichen, obwohl er nicht

ganz so schlecht ausfiel wie *Private Resort.* Es war ein TV-Kri-mi im Stil des *film noir,* der in der hellen Sonne Kaliforniens in Palm Springs unter den Superreichen spielte.

Eric Roberts mimt einen Privatdetektiv, und Johnny Depp trägt einen lächerlichen Haarschnitt und ist der verwöhnte Sohn eines Millionärs (Dan Hedaya), der entführt und auf grausame Weise ermordet wird. Außerdem wirkten noch Be-verly D'Angelo mit und Emily Longstreth, die Johnny aus *Private Resort* kannte und mit der er in jenen Tagen befreun-det war. Danach dauerte es einige Jahre, ehe Johnny Depp wieder eine Hauptrolle in einem Film bekam.

Er spielte in diesen Filmen seinem Alter gemäße Rollen, High-School-Kids ohne besondere Kennzeichen, und er selbst sah dabei nur den finanziellen Aspekt der Sache. Er konnte es einfach immer noch nicht fassen, daß man, ohne kriminell zu werden, für ein wenig Filmen so viel Geld kas-sieren konnte.

Er fühlte sich noch als Musiker, der zwischendurch mal vor die Kamera getreten war, um ein wenig Knete zu machen. Daß er eines Tages als Filmstar Karriere machen könnte, kam ihm damals nicht ernsthaft in den Sinn.

Das änderte sich, als Johnny Depp das Angebot erhielt, die Rolle des Tom Hanson in der TV-Serie *21 Jump Street* zu übernehmen. Ehe diese Serie jedoch anlaufen konnte, muß-ten eine Menge Hindernisse aus dem Weg geräumt werden. Eins davon lag in der Tatsache, daß Johnny überhaupt keine Lust verspürte, mitzumachen.

Platoon

Zunächst aber passierte gar nichts mehr. Mit *Nightmare on Elm Street* war Johnny Depp als origineller Typ auf der Lein-wand erschienen, doch danach hatte er Pech gehabt mit sei-nen Filmen. Niemand interessierte sich für ihn, keiner bot ihm eine Rolle an, was sicher auch mit seiner Unerfahrenheit in diesem Geschäft zu tun hatte.

Dann hörte Johnny Depp, daß der Regisseur Oliver Stone seine Erfahrungen in dem für Amerika traumatischen Vietnam-Krieg unter dem Titel *Platoon* verarbeiten wollte. Johnny Depp bewarb sich um eine Rolle, und Stone antwortete: »Gut, ich nehme dich für zehn Wochen im Dschungel«, denn es sollte auf den Philippinen gedreht werden.

Die Hauptrolle des Films übernahm Charlie Sheen als naiver Freiwilliger und College-Student Chris Taylor, der die vermeintlichen Ideale seines Landes vertritt und dabei in der Hölle landet. Er gerät zwischen zwei extrem konträre Charaktere, den sympathischen Sergeant Elias (Willem Dafoe) und den narbengesichtigen Sadisten Sergeant Barnes (Tom Berenger).

Für Johnny Depp gab es nur eine kleine Nebenrolle als Übersetzer namens Lerner, und diese Figur fiel dann in der Endfassung des Films fast vollständig dem Schnitt zum Opfer.

Der Film wurde für den jungen Mimen zu einer Art Überlebenstraining. Oliver Stone verlangte von seinen jungen Akteuren, nicht nur Soldaten zu spielen, sie sollten es auch wirklich werden.

Johnny Depp gab seine extrem negativen Erfahrungen mit diesem Film und seinem Regisseur in einem Interview wieder: »Oliver Stone, dieser Mistkerl. Mit seinen Wutanfällen hat er mir wirklich etwas angetan. Wir drehten *Platoon,* der ja eine Aneinanderreihung von wirklich ekligen und pathetischen Mistszenen ist: überall Todesschreie, künstliches Blut, künstliche Regenschauer. Ich stecke Schläge ein in dieser Szene und werde immer wieder zusammengeschossen, bis ich liegenbleibe und sage: *Chris! Verlaß mich nicht! Laß mich hier nicht so liegen!* Wissen Sie, ich steckte in dieser Mistszene fest und versuchte, mein Bestes als Schauspieler zu geben und diesen Mist von Dialog zu sprechen: *Mutter! Mutter! Sag meiner Mutter, daß ich sie liebe!* Da flippte Stone einfach aus. ›Cut!‹ schrie er. ›Bullshit! Bullshit! Du bist ein verdammter Lügner! Noch mal! Noch mal! Das machst du noch mal!‹ Es kamen aber nur noch Rülpser aus mir heraus. Ein Horror von

»Er wollte mich kleinkriegen.«

einer aufgeblasenen und widerlichen Kriegsszene: Mein
Mund war voll vom Regenwasser, das nach Seife schmeckte.
›Lügner! Motherfucker! Bullshit! Du bist voller Scheiße!
Voller Scheiße!‹ Wir drehten diese Szene beschissene fünf-
zehn Mal. Und ich verstand erst später, was Stone da mit mir

vorhatte: Er wollte mich frustrieren. Er wollte mich klein-kriegen. Er wollte dabei zusehen, wie ich weinen muß.«

Der Film war zwar umstritten, gewann aber vier Oscars. Die GIs metzeln ein vietnamesisches Dorf nieder, kurz nachdem sie in einen Hinterhalt geraten waren, bei dem einige von ihnen ihr Leben lassen mußten. So ist der blindwütige Haß der Soldaten – bis zu einem gewissen Grad – zu verstehen, und die anklägerische Haltung des Films schlägt in ihr Gegenteil um. In seinem überzogenen Realismus verliert er vollständig die Distanz zu seinem Thema; anstatt eine verfehlte US-Politik zu analysieren, stellt Stone die Soldaten, die in diesen irrsinnigen Krieg geworfen wurden, als monsterartige Replikanten dar. In den USA gab es aber auch durchaus positive Bewertungen des als Anti-Kriegsdrama konzipierten Films. »Oliver Stones leidenschaftlich trauerndes Werk *Platoon* ist die Art von Vietnam-Film, den sich viele von uns gewünscht haben … vielleicht der kraftvollste Film des Jahres!« schrieb ein Kritiker namens David Denby in *New York,* und auch die *New York Times* beurteilte den Streifen durchaus positiv.

Nach seiner Scheidung von Lori Ann im Jahr 1985, noch vor den Dreharbeiten zu *Platoon,* blühte für Johnny Depp privat eine neue Romanze auf. Er verliebte sich in die hübsche, äußerst attraktive Sherilyn Fenn, die zu diesem Zeitpunkt gerade siebzehn Jahre alt war, während er bereits fünfundzwanzig Lenze zählte. Seine Beziehung zu der angehenden Schauspielerin hielt zwei Jahre, bis 1988, und erst nach ihrer Trennung wurde Sherilyn Fenn in der Rolle als Sexbombe Audrey Horne in David Lynchs bizarrer TV-Seifenoper *Twin Peaks* bekannt.

Von *Platoon* war Johnny Depp nicht nur wegen des rüden Stils von Oliver Stone enttäuscht, sondern auch deshalb, weil seine Präsenz auf der Leinwand durch die Filmschnitte fast ausgelöscht worden war. Das drückte auf sein Selbstbewußtsein, und er begann, an seiner schauspielerischen Begabung zu zweifeln. Aber nicht lange, denn schon mit der TV-Serie *21 Jump Street* kam der Erfolg.

21 Jump Street

Nach der enttäuschenden Erfahrung mit *Platoon* kam das Angebot für die Hauptrolle des Tom Hanson in der TV-Serie *21 Jump Street* im Grunde gerade recht. Es bot dem Jungstar Sicherheit und ein regelmäßiges Einkommen. Trotzdem sagte Johnny Depp zunächst ab. Nach dem weltweit beachteten Oliver-Stone-Film wollte er sich nicht in einer unbekannten Seifenoper vermarkten lassen und sich womöglich für Jahre an einen Vertrag binden müssen.

So begannen die Dreharbeiten ohne ihn, doch nach vier Wochen wurde der Hauptdarsteller gefeuert. Wieder erhielt Johnny Depp Anrufe von seinem Agenten: »Würdest du bitte kommen?« Und auf die Frage, für wie lange Zeit er sich verpflichten müsse, antwortete dieser: »Eine durchschnittliche TV-Serie hat dreizehn Folgen. Das bedeutet eine Saison.« Da sagte Johnny Depp schließlich zu.

Autor und Produzent Patrick Hasburgh hatte sich ein Konzept ausgedacht, das den Zeitgeist traf und bei der amerikanischen Jugend gut ankam. Die Protagonisten waren fünf jugendliche Undercover-Agenten (vier Männer und ein Mädchen), die Kriminelle und Drogendealer in der Schule enttarnen sollten.

Das traf ins Schwarze, einmal wegen der locker-flockigen Sprüche der Cops, zum anderen und hauptsächlich wegen Johnny Depp. Diese Rolle schien ihm wie auf den Leib geschrieben, auch wenn er sie später banal fand und mit den Worten kommentierte: »Ich war gezwungen, etwas zu tun, an das ich nicht geglaubt habe.«

Patrick Hasburgh sah die Sache anders; für ihn war der Jungstar die Idealbesetzung für die Figur. Er sagte über Johnny: »Wenn wir noch die fünfziger Jahre hätten, würde er nach Paris gehen oder mit Jack Kerouac herumhängen.«

Produzent Steve Beers über Johnny Depp: »Am meisten überraschte mich, daß er kein bißchen nervös war bei den Probeaufnahmen. Er war einfach präsent. Er ist eine ungewöhnliche Persönlichkeit. Außerdem ist er einer der nettesten Kerle, mit denen ich je zusammengearbeitet habe.«

Johnny Depp war ein attraktiver Typ als Tom Hanson: Mit Coolness und traumhaftem Aussehen eroberte er das weibliche Fernsehpublikum im Sturm. Er ist ein gelernter Polizeibeamter, doch weil er wie ein Weichei aussieht, wird er in der Dienststelle nicht ernst genommen und von seinem Boß zu der neuen Truppe geschickt. Die Undercover-Cops hausen in einer alten Kapelle, weshalb die Serie ursprünglich *Jump Street Chapel* heißen sollte. Sie machen den Eindruck einer Jugendgang, und Tom Hanson mit seinen korrekten Polizistenmanieren wirkt hier fehl am Platz.

Er baut erst einmal Mist, indem er einen Verdächtigen, den er nur observieren soll, sofort verhaftet, als dieser frech wird. Damit ist der Plan im Eimer, und Tom Hanson bekommt seinen ersten Rüffel. Doch er paßt sich bald dem saloppen Stil der Truppe an und löst den Fall am Ende auch.

Zwei Jugendliche mit Ganovenvisagen waren in eine biedere Mittelstandsfamilie eingefallen und hatten gedroht, die Tochter zu ermorden, wenn der Junge nicht mit der Kohle herausrückte. Als »Anzahlung« nahmen sie den Porsche des Vaters mit. Das Muttersöhnchen war natürlich drogenabhängig und hatte Schulden bei den Dealern, was die saubere Familie nicht ahnte.

Tom Hanson wird als »Schüler« in die High School eingeschleust. Er muß frisch eingekleidet werden im aktuellen Look, fetzige Sprüche draufhaben und »vergessen«, daß er ein Bulle ist, damit er keinen Verdacht erregt.

Alle Fälle der Serie waren nach einem ähnlichen Muster gestrickt. Da sie im realistischen Schulmilieu spielten, kamen sie beim Teenie-Publikum an. *21 Jump Street* basierte auf einem realen Anti-Drogen-Konzept, das seit 1974 in Los Angeles praktiziert wurde. Das Programm war 1986 in die Schlagzeilen geraten, als einer der Undercover-Agenten sich in eine siebzehnjährige Schülerin verliebt hatte.

Johnny Depp verbrachte Jahre in Vancouver in Kanada, wo

»Er blieb sehr cool.«

die Serie gedreht wurde. Um seine Einsamkeit und Isolation zu überwinden, ließ er auch seine damalige Freundin Sherilyn Fenn nach Vancouver kommen. Sie bekam eine Gastrolle in der neunten Episode.

Johnny bewies außerdem Familiensinn, indem er seine Mutter Betty Sue und den Stiefvater überredete, zu ihm zu ziehen. Er lud auch seinen Jugendfreund Sal Jenco ein, der auf einer Party vor dem Filmteam artistische Kunststücke vorführte und unter dem Spitznamen »Blowfish« in die Serie aufgenommen wurde.

Johnny Depp verdiente fünfundvierzigtausend Dollar pro Serie, und langsam aber sicher überrollte ihn der Starruhm, obwohl er selbst von seiner Rolle nicht überzeugt war: »Tom Hanson ist ein Typ, mit dem ich nicht mal eine Pizza zusammen essen würde.«

Es gab für Johnny Depp einen Aspekt bei *21 Jump Street,* auf den er nicht vorbereitet war: die rasche Popularität und die damit verbundenen Schmeicheleien, mit denen er fertig werden mußte. Denn wegen des großen Erfolgs der Serie sah er sich er nun über Nacht in die Welt der Teenie-Magazine gestoßen: »Die Produzenten kamen zu mir und wollten, daß ich Interviews gebe. Für wen, wollte ich wissen. *Sixteen! Teen Beat! Teen Dreams!* Jedes Piß-Magazin wollte plötzlich Bilder von mir machen und wissen, welches meine Lieblingsfarbe ist!«

Johnny Depp wurde von der Yellow Press vereinnahmt. Er mußte sich in tausend Posen präsentieren, den Revolver griffbereit oder im Schulterhalter oder einfach nur frech grinsend, in schwarzen T-Shirts, in verwaschenen Jeans oder auf verrücktere Arten gestylt. Als im April 1987 die Serie als Riesenhit explodierte, gerieten die Dinge für Johnny Depp außer Kontrolle. Er fand es angenehm, plötzlich beachtet zu werden, aber der ganze Wirbel um seine Person ging ihm dann bald auf die Nerven.

Patrick Hasburgh fand, daß Johnny Depp mit seiner plötzlichen Berühmtheit bemerkenswert locker umging. »Wenn eine Serie über Nacht recht populär wird, verwandeln sich Schauspieler normalerweise in Riesenarschlöcher. Aber bei Johnny war das nicht der Fall.«

Weiter führte er als Beispiel an: »Einmal verbrannte er seine Unterwäsche mitten auf dem Set. Er war stinksauer, weil niemand seit Wochen seinen Wohnwagen gesäubert hatte. Der Erfolg der Serie hielt ihn davon ab, andere Angebote anzunehmen. Er blieb sehr cool. Cooler als ich an seiner Stelle gewesen wäre ... Mädchen schrien vor Begeisterung bei seinem Anblick, verfolgten ihn ständig ...«

Und das war erst der Anfang. Seine Popularität nahm Ausmaße und Formen an, die er sich nicht hatte träumen lassen. Johnny Depp: »Es war irre. Leute kommen und fangen an zu schreien, wenn sie dich sehen. Jeder meinte, mich mit James Dean vergleichen zu müssen in jenen Tagen. Du bist glücklich, wenn sie die Namen Brando oder De Niro erwähnen. Sie müssen dir ein bekanntes Image verpassen.«

In der Startphase wurde *21 Jump Street* schnell die populärste TV-Serie unter den jungen Zuschauern in Amerika. Johnny Depp wurde so bekannt wie Michael J. Fox mit seiner Serie *Familienbande*. Der beste Indikator für Beliebtheit sind immer Fan-Briefe. Und Johnny Depp erhielt bald mehr Fan-Post als Michael J. Fox, Charlie Sheen und sogar als Rob Lowe, stellte ein Agent für Fan-Post fest: »Es mußten mehr als zehntausend Briefe im Monat sein.«

Er bekam die seltsamsten Briefe, darunter Selbstmorddrohungen von Mädchen, die aus dem Fenster springen wollten, wenn er sich weigerte, sie zu treffen. Schulkinder, die Ärger hatten, baten um Rat, Pubertätsprobleme und Lebenskrisen sollte er lösen; manche Briefe waren lustig, aber viele traurig und bedrückend. Sie sollten sich an einen Arzt wenden, er sei kein Psychiater, war Johnny Depps Reaktion.

Die Hysterie um ihn steigerte sich mehr und mehr: Neben schlüpfrigen Briefen schmachtender Verehrerinnen fand er auch Nacktfotos, Slips und Schamhaare in seinem Briefkasten.

Die phänomenale Beliebtheit des *21 Jump*-Teams belegte ihr Auftreten in Chicago im August 1988. Die Darsteller wurden von einer kreischenden Teenager-Menge empfangen in einem Schauspiel, das an die Beatles-Manie früherer Zeiten erinnerte. Die Kids prügelten sich um Fotos und Autogramme,

Johnny Depp mußte von zwei hünenhaften Bodyguards geschützt werden.

Sein Konterfei zierte die großen Teenie-Magazine *Tiger Beat* und *The Big Bopper,* und *Rolling Stone* erklärte ihn zum »Hot Face des Jahres 1988«. Johnny Depp fand das alles nicht so lustig. Zum einen, weil ihm der Rummel zuviel wurde, zum anderen, weil ein vom Fernsehen erzeugtes Produkt namens »der Charakter Johnny Depp« als ein Markenartikel verkauft wurde, der mit ihm nichts zu tun hatte.

Die Fließbandarbeit einer Fernsehserie zermürbte ihn schnell. Johnny Depp hatte sich für sechs Staffeln verpflichtet, und noch ehe die erste Serie durch war, wäre er am liebsten ausgestiegen. Er verfiel in Selbstmitleid, betrieb Nabelschau. Von den dreihundertfünfundsechzig Tagen des Jahres mußte er an zweihundertfünfundsiebzig Tagen Texte sprechen, die irgend jemand erfunden hatte, schlechte Dialoge, und nur neunzig Tage blieben ihm für die eigene Sprache.

Das größere Problem bestand für Johnny darin, daß ihm die Serie immer mehr mißfiel. Am schlimmsten erschien es ihm, daß sich die ewig gleiche Story in nur leichten Variationen stets wiederholte. So entwickelte er eine unterschwellige Aufsässigkeit mit dem Ziel, vielleicht gefeuert zu werden. Er hoffte dabei, daß man ihn als schwierigen, rebellischen Typ aus dem Kontrakt entlassen würde. Das passierte aber nicht.

Johnny Depp mochte auch immer häufiger das Skript nicht, er war nicht einverstanden mit bestimmten Episoden: »Manchmal gab es Dinge, die ich persönlich und moralisch nicht vertreten konnte. So sollte ich in einer Folge ein Kreuz anzünden, und ich hatte das Gefühl, daß dies ein rassistisches Motiv war.«

Johnny Depp weigerte sich, in einer Folge aufzutreten, in der ein Schüler ermordet wurde, weil er irrtümlicherweise für einen Spitzel gehalten wurde, während der wahre Täter munter unter den Studenten saß. Er verzichtete lieber auf seine Fünfundvierzigtausend-Dollar-Gage, als in einer Story mitzuwirken, die er moralisch bedenklich fand.

Er fühlte sich nicht wohl in seiner ewigen Good-Guy-Rolle, das war nicht sein Ding. Der Autor der Serie, Philip Hasburgh, vertrat da allerdings eine andere Ansicht. Er meinte, der familiäre Hintergrund seines Stars, seine persönlichen Erfahrungen und Erlebnisse seien mit der Figur in idealer Weise in Einklang zu bringen.

Am Ende der vierten Produktionsfolge hatte Johnny Depp das Gefühl, die Macher der Serie hätten völlig den inneren Kontakt zu ihm verloren: »Sie verlangten von mir, daß ich öffentliche Verlautbarungen herausgab mit Sätzen wie diesen: ›Hi, ich bin Johnny Depp, hört mir zu: Bleibt in der Schule und arbeitet fleißig für einen guten Abschluß, denn das bedeutet alles für euch und für mich‹, und all solches Zeug. Jetzt habe ich für diese Leute vier Jahre gearbeitet, und sie begreifen immer noch nicht, daß ich ein Outsider bin!«

»Manchmal gab es Dinge, die ich persönlich und moralisch nicht vertreten konnte.«

45

Das Absurde an der Geschichte war, daß Johnny Depp – strenggenommen – in frappierender Weise die falsche Besetzung für die Rolle war. Denn auch er hatte keinen Schulabschluß, auch er war ein Junkie gewesen und konnte die Typen gut verstehen, die er nun als Undercover-Agent auf den angeblich rechten Weg bringen sollte.

Am meisten genervt war Johnny Depp von der dumpfen Oberflächlichkeit der Serie, und er äußerte seine kritische Ansicht auch offen in einem Gespräch mit John Waters in dem Magazin *Interview:* »Für mein Gefühl müßte die Show tiefer auf Probleme wie Rassismus oder Bandenkriminalität eingehen. Aber beim Fernsehen gibt es Grenzen, dagegen ist nichts zu machen, und die einzige Möglichkeit, etwas zu verändern, ist, dafür zu kämpfen.«

Johnny Depps Rebellion bei der täglichen Dreharbeit wurde immer auffälliger. Er schlug häufig Änderungen im Skript vor, die meist abgelehnt wurden. Dann ging er dazu über, Dialoge willkürlich zu verändern, immer in der Hoffnung, daß man ihn endlich feuern würde.

Er hatte die Idee, den Charakter seiner Figur Tom Hanson auch mal auf den Kopf zu stellen. Denn es war für ihn klar, daß die permanente Gefahr, mit der ein Polizist leben mußte, ihn eines Tages verrückt machen würde. »Doch das Wort Kreativität existiert nicht beim Fernsehen!«

Da Johnny Depp keine Möglichkeit mehr sah, vorzeitig aus der Serie herauszukommen, investierte er seine Energie in andere Projekte, die ihm lohnender erschienen. So arbeitete er an Features der Aids-Hilfe mit, und er engagierte sich in einem Projekt gegen Pornographie und Rassismus. Dabei stand er erstmals auch selbst hinter der Kamera, was ihm großen Spaß bereitete.

Die »American Make a Wish Foundation« erfüllte maladen Patienten, die an unheilbaren Krankheiten litten und nicht mehr lange zu leben hatten, einen letzten Wunsch. Der Star machte bei diesen Begegnungen tiefe Erfahrungen: »Ego, Geld, Karriere – man kann das ruhig ernst nehmen. Aber im

»Der Film machte sich lustig über meine Teenie-Idol-Masche.«

Angesicht eines Kindes, das im Sterben liegt, bedeutet alles nichts mehr.« Johnny Depp blieb für die Foundation auch später noch aktiv, als er ein berühmter Filmstar war.

Bei allem Ärger mit der TV-Serie gab der Jungstar auch zu, viel bei diesem Job gelernt zu haben. Nicht zuletzt war er dadurch zu einer Berühmtheit aufgestiegen. Eines hatte er sich aber geschworen, und daran hielt er sich auch in Zukunft: Er würde nie mehr einen faulen Kompromiß machen bei der Auswahl seiner Rollen. Und sein Wunsch war es, nicht mehr beim Fernsehen, sondern in Kinofilmen aufzutreten.

Rückblickend meinte Johnny Depp, nachdem er seinen TV-Kontrakt erfüllt hatte: »Ich wollte jetzt nur noch Rollen übernehmen, die ich cool und für mich interessant fand. Als ich begann, bekam ich eine Reihe von Skripts, in denen für mich ein Revolver vorgesehen war, ein Mädchen zum Küssen und ein Gang um die Ecke und all solcher Kram. Deshalb gefiel mir *Cry Baby* (1990) so gut – der Film machte sich lustig über meine Teenie-Idol-Masche und die kreischenden Girls.«

Und noch etwas hatte er sich vorgenommen: Kein Film sollte so werden wie der vorhergehende.

John Waters

Johnny Depp konnte zwar dem Fernsehen noch nicht den Rücken kehren, aber es gelang ihm zumindest, in der Pause zwischen zwei Folgen einen Kinofilm einzuschieben, was er sich seit langem gewünscht hatte. Doch weil er anders war als die anderen, wollte er auch keine Mainstream-Filme drehen; damit befand er sich von Anfang an in Opposition zu den meisten Hollywood-Jungstars seiner Zeit. Rollen, mit denen Typen wie Tom Cruise Box-Office-Figuren geworden waren, interessierten ihn überhaupt nicht.

In der letzten Phase seiner *21 Jump Street*-Serie ging auch seine Beziehung mit Sherilyn Fenn den Bach runter. Sie kehrte nach Los Angeles zurück, und obwohl Johnny häufig in den Süden flog und das Wochenende mit ihr im Hotel »Chateau Marmont« am Sunset Strip verbrachte, führte die räumliche Entfernung für die Liebenden auch bald zu einer inneren Entfremdung.

Im Jahr 1989 begann Johnny eine Affäre mit Jennifer Grey, die an der Seite von Patrick Swayze mit *Dirty Dancing* (1987) bekannt geworden war; aber auch diese Beziehung hielt nicht lange. Dann kam es zu dem Kontakt mit John Waters. Diese Begegnung setzte entscheidende Akzente für Johnny Depps Entwicklung, seine Rollen und sein Image. John Waters hatte sich in den siebziger Jahren seinen Ruf als der amerikanische Regisseur mit dem schlechtesten Geschmack mit *Pink Flamingos* (1972) ehrlich erworben. In diesem Film verspeist sein Star Divine frische Hundeexkremente, was zu jener Zeit einen ziemlichen Skandal verursachte.

Der Regisseur drehte von Anfang an *Trash*-Filme, aus denen Müll und Abfall quollen; er zog damit gegen Vorurteile, Heuchelei und die sterile Plastikwelt der amerikanischen Saubermann-Mentalität zu Felde. Neben Exkrementen gab es gegrillte Ratten, massenhaft rohe Eier, abgehackte Hände und Genitalien zu sehen, die Metastasen der Hot-dog-Konsumgesellschaft. John Waters wurde in Lutherville, einem Vorort von Baltimore, geboren; er genoß auf einer Privatschule eine streng katholisch-konservative Erziehung, vermutlich die ideale Voraussetzung für seine ordinären Schmuddelfilme. Mit seinen Filmen aus den siebziger Jahren (*Female Trouble,* 1974, *Desperate Living,* 1977) schuf er sich schnell eine Kultgemeinde; sein Lieblingssatz lautete: »Die Leute sehen besser aus, die mindestens einmal verhaftet wurden.«

Trotzdem bekam er immer größere Schwierigkeiten, seinen nächsten Film zu finanzieren, weshalb er zahmer wurde im Lauf der Zeit. Er selbst sah das nicht so tragisch, er wollte auch in Zukunft Filme machen und Erfolg haben. Spätestens seit *Hairspray* (1988) gab es keine Probleme mehr bei der Finanzierung: »Natürlich kann keiner meiner Streifen mehr so extrem sein wie *Pink Flamingos*. Ich mache einfach den nächsten Film, ohne viel zu kalkulieren, weil das ohnehin nicht funktioniert.« Und in einem anderen Interview sagte Waters: »Ich möchte weiter Filme machen, aber deshalb muß ich mich noch lange nicht selbst sabotieren.«

Als Divine starb, suchte er 1989 für seinen elften Spielfilm, eine schrille Romeo-und-Julia-Rockerschnulze in grellrosa

Kultregisseur John Waters: »Johnny Depp könnte wunderbar einen Massenmörder spielen.«

Bonbonfarben, eine neue Hauptfigur. Es sollte keine dicke Ulknudel sein und auch kein schillernder Transvestit wie sein langjähriger Superstar, sondern der schönste Junge weit und breit. Also ging Waters hin und kaufte sich für dreißig Dollar einen Stapel der neuesten Jugendmagazine, und dabei fiel ihm auf, daß überall Johnny Depps Gesicht auf dem Cover prangte. Waters fragte seine Produzentin Rachel Talalay, die Johnny Depp 1984 in dem Horrorfilm *Nightmare on Elm Street* mit einer Nebenrolle besetzt hatte, und die empfahl den Jungstar weiter.

Einige Zeit später telefonierte der Regisseur mit Johnny und verabredete ein Treffen mit ihm. Waters: »Und dann hatten wir ein sogenanntes Meeting. Johnny kam in dieses wundervolle Hollywood-Büro von *Imagine Entertainment* in total zerlumpter Kleidung. Mitten im Meeting sah mich Johnny an und lächelte etwas spöttisch. In diesem Moment wußte ich, daß er seine Rolle wunderbar spielen würde und daß er der Richtige war. Er hatte die richtige Einstellung. Ich sagte ihm, er solle den Zuschauern nie zublinzeln, sondern die Rolle spielen, als ob er sie völlig ernst meinte, jedes Wort. Wir verstanden uns glänzend.«

Dazu Johnny Depp: »*Cry Baby* kam gerade zur rechten Zeit für mich. Ich hatte mich nach einigen Rollen umgesehen, aber alles, was man mir anbot, war einfach zu nichtssagend. Ich bekam so viele Drehbücher zugeschickt, deren Rollen ähnlich der waren, die ich gerade in *21 Jump Street* spielte. Ich wollte aber etwas ganz anderes machen. Bevor John Waters mir das Skript gab, schrieb er mir einen Brief. Der war unheimlich aufregend, und es machte sehr viel Spaß, ihn zu lesen.«

Der schlechte Geschmack seiner frühen Filme sei ein Protest dagegen gewesen, daß ihn seine Eltern mit wertvoller Kultur vollstopfen wollten. John Waters: »Was meine Zuschauer verbindet, ist nicht Sex, sondern Humor. Er geht über alles, über Hautfarbe, Alter, Rasse und sexuelle Präferenz hinaus.«

Cry Baby wurde ein Film mit einem Aufmarsch schriller Typen und Tanten, ein gewagter Schritt für Johnny Depp, denn er zerstörte damit sein Teenager-Idol-Image. Und es war zugleich ein Befreiungsschlag. Danach würde ihn nie wieder jemand in die Tom-Hanson-Ecke stellen, und das gefiel ihm.

Johnny Depp: »Lieber würde ich als Tankwart arbeiten, als noch einmal eine TV-Serie zu drehen.«

Cry Baby

Schauplatz der schrillen Rockabilly-Comedy *Cry Baby* (1990) ist Baltimore, die Zeit das Jahr 1954. Das Wort Rock'n'Roll existierte noch gar nicht, obwohl die Musik schon anlief. In den Hitparaden waren nur »Square«-Songs zu hören, süßliche Schnulzen wie »Mister Sandman«, doch die harten »Drape«-Rhythmen tönten bereits millionenfach aus den Musikboxen. Der Film dauert so lange wie drei Dutzend Rockabilly-Nummern, im harten Rhythmus aneinandergeschnitten und glänzend choreographiert.

Im Mittelpunkt der Handlung stehen die Auseinandersetzung zwischen den »Drapes« und den »Squares« und die heiße Lovestory zwischen Wade »Cry Baby« Walker (Johnny Depp), dem Anführer der »Drapes«, und der hübschen Allison (Amy Locane), einer Blondine mit Pferdeschwanz, die als schönstes Mädchen der »Squares« gilt. Das riecht von Anfang an nach Bandenkrieg. Denn die »Drapes« sind freakige Rocker, die auch vor gesetzwidrigen Taten nicht zurückschrecken, während sich die »Squares« als bourgeois-angepaßte Muttersöhnchen entpuppen.

Der Film steckt voller Anspielungen auf Figuren und Ereignisse der fünfziger Jahre. Es gibt einen kurzen Ausschnitt aus Jack Arnolds Kultfilm *Creature of the Black Lagoon* (1954) mit dem monsterartigen Kiemenmenschen. Obwohl das Vorbild für den Titelhelden Johnny Ray war, erinnern Cry Babys schmalzige Haartolle und seine hüftwackelnden Musikauftritte an Elvis. Das mörderische Autorennen zwischen den beiden Kampfhähnen ist eindeutig eine Reminiszenz an das berühmte Rennen mit James Dean in *Rebel Without a Cause* (1955).

Wenn während des Vorspanns der Titelsong läuft und die Boys und Girls auf der High School geimpft werden – ob gegen Pocken, Malaria oder Kinderlähmung spielt keine Rolle –, wird deutlich, daß es sich bei den »Helden« des Films um abgefahrene, rebellische Typen handelt. Jeder der »Studenten« reagiert anders auf die Spritze: die einen betont cool, andere schmerzverzerrt bis verzückt. Es wird klar, daß dieses Panoptikum widerspenstiger Jugendlicher emotionale Power mitbringt, daß sie übertrieben agieren bis ins Geschmacklos-Bizarre.

Vergeblicher Fluchtversuch in ›Cry Baby‹

Ähnlich wie Federico Fellini hat auch John Waters ein ausge-
fallenes Personal um sich versammelt, das die gängigen Vor-
stellungen von Ästhetik und Schönheit auf den Kopf stellt.
Der Film ist eine schräge Parodie auf die Teenager-Tragödien
der frühen fünfziger Jahre, als die Welt noch in Gut und Böse
eingeteilt war und Elvis seinen »Jailhouse Rock« herunter-
heulte.
Cry Baby Walker ist der Kopf einer Bande meist tätowierter
Kids mit Entenschwanzfrisuren, deren schwarze Lederjacken
auf ihren aufmüpfigen Habitus verweisen. Die Mädchen
schmieren sich fingerdick grellroten Lippenstift auf den
Mund und fallen durch dramatisch verdunkelte Augen, haut-
enge Pullover und provokantes Benehmen auf.

Ihnen stehen die »Squares« gegenüber, zu denen die adrette Allison gehört. Das sind ordentlich gekleidete Jugendliche in hellen Hosen und Jacketts, mit Button-down-Kragen, Keep-Smiling-Gesichtern und gepflegtem Haarschnitt. Die Mädchen tragen Pferdeschwanz und Petticoats und achten darauf, ihren pinkfarbenen Lippenstift nur zart aufzulegen.

Die beiden Gruppen können sich nicht ausstehen, genauer gesagt: sie hassen sich, und während die »Squares« an einem Talentwettbewerb in der Benimm-Schule von Allisons Großmutter Mrs. Vernon-Williams (Polly Bergen) teilnehmen, spielen sich die »Drapes« in provozierender Weise als Bürgerschreck auf und tragen ihre sexuellen Frustrationen und Aversionen gegen die Spießer offen auf der Straße aus.

Die Story kommt in Bewegung, als sich am Ende der Impfprozedur Allison und Cry Baby Auge in Auge gegenübertreten, und sie beobachtet, wie ihm eine große glitzernde Träne über die Wange rollt. Sie strahlt, der erste Funke zwischen den beiden springt über.

Da sie aus zwei verfeindeten Lagern kommen, wird es eine schmerzlich-süße Romeo-und-Julia-Romanze, mit heißen Rhythmen, wüsten Schlägereien und parodistisch-klebrigem Zuckerguß obendrauf. Ein Rocker-Epos, so kitschig wie ein Bubblegum, das nach Plastik schmeckt und im Finale wie ein alter Comic in pastellrosa Bonbonfarbe ausläuft.

Johnny Depp glänzt durch viel Pomade auf dem Kopf und dramatisches Augenrollen; er ist die tragende, aber nicht unbedingt tragische Figur dieser rasanten Teeniefilm-Persiflage. Was das Liebespaar tief verbindet, ist die gemeinsame Entdeckung, daß sie beide Waisenkinder sind.

Auf Cry Babys Brustkorb ist der elektrische Stuhl eintätowiert, auf dem sein Vater, ein unbarmherziger Terrorist namens »Alphabet-Bomber«, endete (von Airport über Barber-Shop, Carwash-Anlage bis Yellow Press jagte er alles in die Luft). Seine Mutter wurde ebenfalls hingerichtet, und dabei konnte sie nicht einmal buchstabieren.

Allisons Eltern starben beide bei einem Flugzeugabsturz, obwohl sie aus Angst vor diesem Ereignis immer in getrennten Maschinen geflogen waren!

Cry Baby Walkers Credo lautet: Jeden Tag eine schlechte Tat, und dabei verliert er dann seine salzig-glitzernde Träne: »Mehr bekommen sie nicht von mir.« Es ist jene Träne, die auf Mädchen eine so unwiderstehliche Wirkung ausübt.

Cry Baby befindet sich fast ständig in Begleitung seiner Schwester Pepper (Ricki Lake), die während eines Autorennens ihr Baby zur Welt bringt, der Sexpuppe Wanda (Traci Lords) und der furchterregenden Lady »Killer-Face« (Kim McGuire). Als Cry Baby dann sein neues Girl Allison mitbringt, wird sie von den dreien kritisch begutachtet. »Die Waffen einer Frau sind ihre Titten«, wird ihr beigebracht. Allison muß sich nicht nur an die derbe Sprache der »Drapettes« ge-

Cry Baby mit seiner »Gang«, den Drapes: Killer-Face (Kim McGuire), Milton (Darren E. Burrows), Cry Baby (Johnny Depp), Pepper (Ricki Lake) und Wanda (Traci Lords) – v. l. n. r.

wöhnen, sondern auch gleich demonstrieren, was sie vorzu-
weisen hat.

Den ersten zögerlichen Versuch, sich Cry Baby inmitten seiner Gang zu nähern, macht Allison nach der Impfaktion; er
findet sie zwar spießig, aber ganz hübsch. Da kommen Allisons Tante, die eigentlich ihre Großmutter ist, und ihr Freund
Baldwin (Stephen Mailer) daher, um sie abzuholen und aus
den Klauen des »Pöbels« zu befreien. Allison will aber gar
nicht gerettet werden, sie findet, daß die »Drapes« auch Menschen seien, ein wenig unbewohnt zwar, aber ziemlich ausge-
bufft. Ihre vornehme Tante moniert, woher sie diese »schmut-

»Klotz am Bein«

zigen Jazz-Ausdrücke« hätte, und Baldwin, den Allison langweilig findet, markiert den feinen Pinkel.

Cry Baby verfolgt Allisons Wagen, überholt und schneidet ihn, und die gegenseitigen Provokationen eskalieren. Später riskiert es Cry Baby, in das gesittete Heim von Allisons Tante vorzudringen, um das Mädchen zu einem Ritt auf seinem Feuerstuhl abzuholen. Nebenbei kommt es zur ersten Eifersuchtsprügelei zwischen ihm und Baldwin.

Cry Baby nimmt Allison nach Turkey Point in das Stammquartier der »Drapes« mit, wo eine ausgeflippte Musikshow abgezogen wird. Vorher »üben« die Paare beim Tanzen und im Liegen auf der Wiese Zungenküsse, begleitet von den zuckenden Blitzen eines heftigen Gewitters.

Höhepunkt des Films ist eine wüste Schlägerei zwischen den beiden verfeindeten Gangs, die von den »Squares« angezettelt wird. Die »Drapes« schlagen zurück, und werden danach von der Polizei verhaftet. Natürlich müssen Cry Baby und seine Rowdies im Gefängnis schmachten und nicht die eigentlichen Anstifter der Prügelei. Denn die Staatsmacht steht immer auf der Seite der (angeblich) Guten.

Zu den weiteren Gags des Films zählt das Autorennen zwischen Cry Baby und Baldwin, bei dem die Wagen frontal aufeinander zurasen: Verlierer ist, wer zuerst ausweicht, und natürlich gewinnt Cry Baby.

Johnny Depp kommt im Finale aus dem Bau, und sein Mädchen fliegt wieder auf ihn, auch wenn zwischendurch eine eifersüchtige Tussie namens Lenora mit offenherzigem Dekolleté und miesen Tricks versucht hat, ihn Allison abspenstig zu machen.

Johnny Depp als »Cry Baby« ist ideal besetzt in der Rolle des milchgesichtigen Angry Young Man. Er ist ein finsterer Rowdy, tief drinnen aber gar nicht so übel, doch das muß er um jeden Preis verbergen. Er spielt die Figur so, als sei alles todernst. Johnny Depp schwenkt die Gitarre und singt mit Hüftschwung seine Nummern wie ein taufrischer Elvis aus der Konserve.

Cry Baby entführt Allison auf seinem »heißen Ofen«

Er ist eine Tränenmaschine: Hip und cool und abgefahren zeigt er ganz kühl Gefühl und pfeift schon wieder drauf, und dann kreischt er wie eine Heulboje los. Ein schräger Motorradrocker und zugleich seine eigene kunstvolle Karikatur.

Johnny Depp über die Arbeit an dem Film: »John Waters war offen für Ideen und Vorschläge. Wenn ich irgendwie Probleme mit einer Szene hatte, probte er sie mit mir. Das habe ich noch bei keinem anderen Regisseur erlebt, der mir so half, jeden einzelnen Schritt zu verstehen.«

Der Film wurde weltweit ein Erfolg, besonders in Europa und Australien; in den USA kam er weniger gut an. »In Paris liebten sie den Film«, so John Waters. »Ich bekam schwärmerische Kritiken, denn sie hatten Spaß an dem Genre. Sie haben

Johnny Halliday – er ist ihr Cry Baby.« Das amerikanische Publikum nahm den Film reserviert auf, ausgenommen die John-Waters-Fans. Man verstand den Witz nicht. »Die Kids hier kennen die Elvis-Filme nicht.«

Der Zeitschrift *Variety* gefiel der Film: »Die schadenfrohe Satire auf das Teenie-Genre ist unterhaltsam als wilder Freudenritt durch eine andere Ära, voll verrückter Klamotten und Frisuren. Johnny Depp ist großartig als der jugendliche Delinquent, der die melodramatische Linie … mit elvisartigem Hüftschlenkern durchbricht.«

»Das schönste an *Cry Baby* sind Waters' schräge Typen. Die haben Gesichter, jedes ist eine ganze Geschichte für sich. Eine laszive und verruchte Traci Lords, Ex-Porno-Star, und eine inzwischen kugelrunde Ricki Lake, dicklicher Tanzstar aus *Hairspray*. Zum Fürchten häßlich geschminkt ist Kim McGuire … John Waters zu dieser Besetzung: Ich habe alle, die

»Keiner weint so schöne Glyzerintränen wie Johnny Depp.«

ich wollte, außer vielleicht Mutter Teresa.« (*Basler Zeitung*, 21.7.1990)

»Auch wenn sich der Meister des schlechten Geschmacks mit seinem Teenager-Musical *Cry Baby* aus den wilden Fünfzigern etwas moderater gibt, bleibt genügend Schauder an rasantem Kitsch übrig ... Keiner weint so schöne Glyzerin-Tränen wie Teenie-Idol Johnny Depp.« (*Abendzeitung*, München, 28.7.1990)

»Schon immer hatten wir vermutet, daß John Waters' Monstrositätenshow direkt an des Spießers Spiegelkabinett gebaut ist.« (*Frankfurter Rundschau*, 27.6.1990)

»Es ist eine Liebes- und Bandengeschichte, mit viel Temperament und Witz erzählt ... US-TV-Idol Johnny Depp und Soap-Opera-Sternchen Amy Locane sind ein hinreißendes Paar – er mit viel Mut zur eigenen Image-Parodie und sie mit der Kraft scheinbar ungebrochener Naivität. Waters' Sympathien gehören ganz eindeutig nicht den Wohlanständigen.« (*Die Welt*, 26.7.1990)

Johnny und Winona

Johnny Depp sah Winona Ryder zum erstenmal 1989 bei der Premiere ihres Films *Great Balls of Fire,* in dem sie die altklug-kindliche Teenager-Braut von Jerry Lee Lewis spielte. Ihr Partner in diesem Film war Dennis Quaid.

Johnny und Winona begegneten einander in der Lobby eines Hotels, und nach beider Aussage war es »Liebe auf den ersten Blick«. Johnny Depp: »Es war dieser klassische Blitz, der dich plötzlich trifft wie der Zoom in *West Side Story,* wenn alles andere im Nebel verschwimmt.« Winona Ryder: »Es war nur ein kurzer Augenblick, aber ein spannender.«

Der Blick aus seinen unberechenbaren braunen Augen traf bei Winona ins Schwarze, denn in ihm liegt eine Wagenladung voll Melancholie. In seinen Augen nistete der *Arizona Dream.* Und Winona Ryder war nicht irgendwer, sondern der größte Teenager-Star der Saison.

Das Paar kam aber nicht gleich zusammen, sondern sah sich Monate später »zufällig« wieder. Johnny Depp: »Mein Freund Josh stellte uns einander vor. Als ich Winona traf und wir uns ineinander verliebten, war das etwas, was ich noch nie zuvor erlebt hatte – absolut nie. Wir hingen sofort zusammen … Ich liebte sie mehr als alles in der Welt.«

»Ich hatte nie einen richtigen Freund zuvor«, bekannte Winona dem Magazin *Premiere;* zum Zeitpunkt ihrer Begegnung mit dem damals sechsundzwanzigjährigen Johnny Depp war sie siebzehn Jahre alt.

Sie fanden schnell heraus, daß sie eine Reihe von Gemeinsamkeiten besaßen, so ihre Vorliebe für J. D. Salingers Roman »Der Fänger im Roggen«, die Story des unangepaßten Knaben Holden Caulfield, der keinen Bock auf Schule hat und in New York seine abgefahrenen Abenteuer erlebt. Und ihre Leidenschaft für die Dichter der Beat-Generation, wie zum Beispiel Jack Kerouac, Allen Ginsberg und Lawrence Ferlinghetti. Ihr Interesse an den Neuerscheinungen der Beat-Dichter wurde durch regelmäßige Besuche in der Buchhandlung »Flashback Books« von Winonas Vater befriedigt.

Ihre größte Gemeinsamkeit war aber, wie sich bald herausstellen sollte, ihre Vorliebe für ausgefallene Rollen jenseits des Mainstream-Kinos. Ehe die beiden ein halbes Jahr später zusammen in dem Film *Edward mit den Scherenhänden* (*Edward Scissorhands,* 1990) auftraten, hatte Winona – obwohl neun Jahre jünger als Johnny – bereits in acht Kinofilmen mitgespielt, und, von zwei Ausnahmen abgesehen, immer in einer Hauptrolle, während Johnny Depp mit *Cry Baby* gerade zu seiner ersten Titelrolle im Kino gekommen war.

Obwohl sie beide zu den Außenseitern des Hollywood-Zirkus zählten, entstammten sie doch ganz verschiedenen Welten. Während Johnny mit Mühe seinem spießigen Kleinbürgermilieu entkommen konnte, lebte die am 29. Oktober 1971 in einem verschlafenen Nest am Ufer des Mississippi geborene Winona glücklich im Kreis ihrer intellektuellen Hippie-Familie in Kalifornien, und kein Geringerer als LSD-Papst Timothy Leary (»Noni gehört zu den ersten Mitgliedern einer neuen Generation: den Kindern des Sommers der Liebe«) war einer ihrer Ziehväter.

Ihr bürgerlicher Name lautete Winona Laura Horowitz – Winona deshalb, weil ihr Geburtsort an der Grenze zwischen Minnesota und Wisconsin so hieß und dies zugleich der Name einer indianischen Liebesgöttin war. Den Namen Ryder nahm sie an, weil ihr der Blues- und Soulsänger Mitch Ryder mit der rauhen Stimme so gut gefiel.

Johnny Depp hatte also wieder einmal eine sehr viel jüngere Freundin. Diesmal aber war es ernst. Man sprach von Heirat. Daß es dann doch nicht dazu kam, lag offiziell daran, daß man nie einen geeigneten Termin dafür fand, weil beide Stars ständig einen Film nach dem anderen drehten.

Daß Johnny mit Sherilyn Fenn und Jennifer Grey bereits zwei offizielle Freundinnen vor ihr gehabt hatte, störte Winona nicht. »Die Leute denken, das macht mir etwas aus«, sagte sie, »aber es ist wirklich nicht der Fall. Unsere Beziehung geht viel tiefer.«

Johnny Depp zu seinen früheren Beziehungen: »Ich war nie einer von diesen Jungs, die ausgehen, nur um irgendein Mädchen zu vernaschen. Während du erwachsen wirst, unterlaufen dir eine Reihe von Fehlentscheidungen. Keine schlechte Wahl, aber eine falsche Wahl … Menschen machen eben Fehler. Ich war bisher wirklich die längste Zeit sehr jung. Meine Beziehungen bisher waren nicht so tief, wie die Leute glauben. Ich weiß nicht, was es war, vielleicht wollte ich die Fehler meiner Familie korrigieren … Aber es gibt nichts in meinen bisherigen siebenundzwanzig Lebensjahren, was meinem Gefühl für Winona vergleichbar wäre …«

Natürlich war dieses Kino-Traumpaar, das sich auch im wirklichen Leben getroffen hatte, ein gefundenes Fressen für die Yellow Press. Für Johnny Depp war der Presserummel nichts Neues, er kannte ihn aus seiner *21 Jump Street*-Erfahrung, wohl aber für Winona Ryder.

»Wir fühlten uns nicht gerade wie die Könige«, gab sie zu.

Johnny Depp und Winona Ryder

»Wir lasen die Zeitschriften, die sich diesen Vergleich aus-
dachten, und kicherten vor uns hin. Es machte uns selbstbe-
wußt in einer Weise, über die man sich nicht freuen konnte. Es
ist unangenehm, die ganze Zeit über beobachtet zu werden,

oder wenn Leute deine Unterhaltung im Restaurant belauschen. Dann erfinden sie plötzlich Dinge über dich, die übel sind. Ich wurde von der Sensationspresse fertiggemacht in diesem Jahr.«

Johnny Depp sah noch einen anderen Aspekt dieser Angelegenheit, nämlich die steigende Popularität, die mit diesem Ballyhoo verbunden war und die sich für beide auf den beruflichen Erfolg auswirken konnte: »Die Leute begreifen nicht, daß dieser Riesensprung auf der Karriereleiter auch einen Schock auslösen kann. Früher war ich Telefonverkäufer für Füllfederhalter, und plötzlich verdiente ich einen Batzen Geld mit Filmemachen. Ich konnte mich schwer daran gewöhnen, denn du wirst nicht darauf vorbereitet. Aber Winona an meiner Seite zu haben, war eine große Hilfe. Sie wußte genau, wie ich mich fühlte, denn ihr ging es genauso. Ich denke, weil wir uns liebten, gönnten wir auch dem anderen seinen Erfolg. Sie ist einfach bewundernswert. Wir gewöhnten uns daran, ein berühmtes Paar zu sein, obwohl die Leute manchmal zuviel über uns wissen wollten.«

In der über drei Jahre andauernden Liaison wurde die permanente Aufmerksamkeit, die ihnen die Magazine zollten, immer ätzender für die Liebenden; am Ende artete es in einen regelrechten Haß auf die Presse aus. Alle Schauspieler haben so etwas wie eine Liebe-Haß-Beziehung zur Presse, denn die Presse kann Erfolge befördern oder hintertreiben, Filme positiv oder negativ kommentieren. Wenn sich allerdings im privaten oder beruflichen Leben Schwierigkeiten einstellen, will man die Presse nicht unbedingt immer dabeihaben, vor allem auch dann nicht, wenn man immer wieder dieselben blöden Fragen beantworten soll.

Johnny Depp: »Mir ist klar, daß wir in der Öffentlichkeit stehen, aber muß es denn eine öffentliche Toilette sein?«

Dann gab es ein Ereignis, das Johnny Depps Zorn auf die Presse zum Überkochen brachte. Winona Ryder sollte 1989 in dem Mafia-Epos *Der Pate Teil III* von Francis Ford Coppola als Tochter der Corleone-Familie mitspielen.

Winona flog mit Johnny nach Rom, gerade nachdem die letzte Klappe zu ihrem Film *Mermaids (Meerjungfrauen küssen besser)* gefallen war. Winona hatte sich schon in Boston eine üble Erkältung zugezogen, außerdem war sie total überarbeitet. Sie ließ zwar noch Kostümproben über sich ergehen, lag dann aber in Rom mit hohem Fieber im Bett und konnte an dem Coppola-Film nicht mitwirken, an dem schon seit längerem gedreht wurde. Der Arzt stellte eine Stirnhöhlenvereiterung fest und verordnete strikte Bettruhe.

Die Presse machte daraus einen regelrechten Skandal; angeblich hätte Johnny Depp seine Geliebte beeinflußt, den Coppola-Film abzusagen, weil er selbst mit ihr filmen wollte. Dazu Winona: »Mein Doktor hatte gesagt, daß ich nicht arbeiten konnte. Ich weiß nicht, warum mir das niemand glaubt. Die Wahrheit ist so einfach.«

Einige Journalisten erfanden auch das Märchen, daß Winonas Zusammenbruch in Rom eine Folge ihres ausschweifenden Lebens mit Johnny sei. Darüber konnte sie nur lachen: »Johnny hat sich nur um mich gekümmert. Er hat den Zimmerservice bestellt und mir den Finger in den Hals gesteckt, damit ich mich übergeben konnte.«

Schon achtundvierzig Stunden nach ihrer Ankunft in Rom flogen Johnny Depp und Winona Ryder wieder zurück in die Vereinigten Staaten. Sie verbrachte danach einige Monate bei ihren Eltern in Petaluma, um sich in aller Ruhe auszukurieren, denn im Sommer 1990 sollte ihr gemeinsamer Film *Edward Scissorhands* in Produktion gehen.

Edward mit den Scherenhänden

Die Idee zu diesem Film entstammte einer Kinderzeichnung von Tim Burton. Der Regisseur fühlte sich als Jugendlicher unverstanden und unfähig zu kommunizieren. Er drückte seine Isolation in einem Schrei aus, zeichnete eine wilde Figur mit wirren schwarzen Haaren und tödlichen Scheren anstelle der Hände.

Die Figur erinnerte ein wenig an Struwwelpeter; Tim Burton sah sich in der Pubertät mit Vorliebe alte Horrorfilme an; sein Idol hieß Vincent Price, und die Cartoons, die er zeichnete, waren von grausigen Gestalten bevölkert.

1976 gewann Burton einen Preis des »California Institute of Arts in Valencia«, danach schloß er sich der Walt Disney Company an. Er arbeitete an Zeichentrickfilmen für das Studio, dessen Glanz Mitte der achtziger Jahre zu verblassen begann. Schon 1982 realisierte er seinen ersten eigenen Kurzfilm: *Vincent* (gemeint war Vincent Price), in dem ein kleiner Junge von Gestalten aus der Welt Edgar Allen Poes umgeben ist. Der fünfminütige Film erhielt mehrere Auszeichnungen und wurde später als Vorfilm zu *The Nightmare before Christmas* (1993) gezeigt.

Kaum einer der neuen Regisseure war so phantasievoll und begabt wie Junggenie Tim Burton, traf so messerscharf den modernen Zeitgeist. Immerhin war eine Major Company wie Warner Brothers davon überzeugt, daß er der richtige Mann war, um die Neuverfilmung eines Klassikers wie *Batman* (1989) zu einem Box-Office-Hit werden zu lassen.

Winona Ryder hatte schon 1988 unter seiner Regie in der makabren Komödie *Beetlejuice* mitgespielt, in der ein junges Ehepaar nach einem tödlichen Autounfall in eine Geisterwelt verschlagen wird und mit Hilfe eines Kobolds die Nachmieter aus seinem Heim vertreiben will. Winona Ryder spielte die Tochter des Nachmieterpaars in diesem witzigen Grusical, das die üblichen Zombiefilme parodierte und in den USA ein Riesenhit wurde.

Edward mit den Scherenhänden war der vierte abendfüllende Spielfilm Tim Burtons: »Ich wollte etwas Neues schaffen, etwas Ungewöhnliches, bei dem der Zuschauer aber dennoch nie den Zusammenhang mit seiner täglichen Wirklichkeit … aus den Augen verliert.«

Tim Burton beauftragte die Autorin Caroline Thompson, die schon an *Beetlejuice* mitgearbeitet hatte, ein Drehbuch zu *Edward* zu entwickeln: »Die Idee steckte in der Zeichnung, die

66

ich vor langer Zeit gemacht hatte. Hinter ihr verbarg sich ein Charakter, der sich nach Berührung sehnte, es aber nicht schaffte, der beides war, kreativ und destruktiv … Es ist eine typische Teenager-Geschichte über Beziehungen.«

Ursprünglich dachte der Regisseur daran, ein Musical daraus zu machen, das klappte aber nicht. Zu den frühen Obsessionen Tim Burtons zählt der geniale Dr. Frankenstein; eine Variation zu diesem Motiv sollte ebenfalls in den Film eingewoben werden.

Dabei gelang es Burton sogar, sein Idol vor die Kamera zu holen. Vincent Price persönlich spielte den Erfinder, der jedoch starb, ehe er »Edward« fertiggebastelt hatte, weshalb dem armen Kerl die Hände fehlten.

Es war klar, daß es sich bei Edward Scissorhands um kein bösartiges Monster handelte, sondern um einen zwar künstli-

Edward (Johnny Depp) in seinem verwunschenen Schloß

chen, aber recht sensiblen jungen Mann, der sich nach menschlicher Nähe und Berührung sehnte, aber damit seine Probleme hatte.

Der von Twentieth Century Fox geplante Film sollte mit Bestbesetzung produziert werden, und das ließ die Frage nach der Titelfigur virulent werden. Tim Burton wurde immer wieder auf Tom Cruise als Topstar unter den jungen Mimen hingewiesen; der Regisseur fand ihn nicht so ideal, traf sich aber mit ihm.

Cruise war zwar interessiert, stellte aber eine Menge Fragen zu der Figur. Was ihm nicht gefiel, waren die Narben, die Edwards Gesicht verunzierten (weil er halt manchmal ungeschickt mit seinen Scheren umging); zudem litt Edward seiner Meinung nach an einem »Mangel an Männlichkeit«, außerdem mochte er den Schluß nicht, ein Happy-End wäre ihm schon lieber gewesen. Für Tim Burton war klar, daß Tom Cruise die Figur nicht begriffen hatte. Burton war aber nicht der Mann, der einem Tom Cruise zuliebe sein Drehbuch in irgendeiner Weise geändert hätte.

Johnny Depp hatte mit *Cry Baby* wieder Kinoluft schnuppern können, und jetzt wollte er endgültig aus dem *21 Jump Street*-Vertrag heraus. »Als ich zum erstenmal das Drehbuch zu *Edward* las«, erzählte er, »begriff ich, daß dies eine einmalige Chance war, die nicht wiederkehren würde.«

Er sah mit dieser Rolle die Möglichkeit, endgültig die Fernsehhölle zu verlassen und auf originelle, phantasievolle Kinofilme umzusteigen. Andererseits war ihm bewußt, daß er als »TV-Boy« gehandelt wurde. Er befürchtete, kein namhafter Regisseur würde das Risiko eingehen, ihn mit einer so schwierigen Kinorolle zu beauftragen.

Dann kam es zu einem Treffen mit Tim Burton. Johnny Depp war gut vorbereitet und hatte sich vorher alle Filme von Burton angesehen. Danach rechnete er sich allerdings noch weniger Chancen für sich aus. Hätte ihn seine Agentin Tracy Jacobs nicht mühsam überredet, zu der Verabredung mit Burton zu gehen, wäre er wohl zu Hause geblieben.

Schließlich trafen sie sich im Coffee-Shop des »Bel Age Hotel« in Los Angeles. Da beide sehr introvertierte Menschen sind, wurde nicht allzuviel gesprochen. Johnny Depp dazu später: »Nachdem wir drei oder vier Tassen Kaffee getrunken hatten und jeder ein paar unvollendete Sätze von sich gegeben hatte, sah es zwar so aus, als würden wir uns verstehen. Aber wir trennten uns ganz cool mit einem ›Nice to meet you‹ und einem kargen Händedruck.«

Johnny Depps Chance auf seine erste große Hauptrolle im Film hing damit wieder in der Luft. *Cry Baby* war zwar ein Anfang gewesen, aber keine sehr dominante Figur und nahe am *Underground*-Film.

Er mußte ein paar kribblig-lange Wochen warten, ehe er wieder etwas hörte. »Meine Chance war äußerst mager«, erinnert er sich. »Besser bekannte Stars wie William Hurt oder Tom Hanks kämpften um die Rolle, obwohl sie gar nicht auf Burtons Liste standen. Es gab nichts, was ich mir mehr gewünscht hätte, also beschäftigte ich mich mit der Rolle. Nicht, weil ich ambitioniert war oder aus einem erfolgsgeilen Grund, sondern einfach, weil die Figur vollständig von mir Besitz ergriffen hatte.« Aber Johnny hätte sich eigentlich nicht sorgen müssen. Für Tim Burton stand die Entscheidung zu seinen Gunsten bald fest: »Ich mag die Augen eines Menschen, und besonders bei einem Charakter, der wenig spricht, sind die Augen sehr wichtig.«

Schließlich kam der Anruf von Burton. Er sagte nur einen kurzen Satz: »Sie sind Edward Scissorhands.« Johnny Depp war natürlich hoch erfreut: »Diese Rolle bedeutete kreative Freiheit für mich, Experimente, Lernen und eine Art Selbsterneuerung.«

Tim Burton führte gute Gründe für seine Entscheidung an: »Johnny Depp ist bekannt als Teenie-Idol ... aber er wird auch als dunkel und schwierig wahrgenommen, doch in Wahrheit ist er genau das Gegenteil. Das sind exakt die Motive von Edward, der Kontrast zwischen Schein und Sein. Er wird anders wahrgenommen, als er in Wirklichkeit ist.«

Die Besetzung der restlichen Rollen war einfacher. Von Beginn an stand Winona Ryder als Mädchen Kim im Cheerleader-Outfit fest, in das sich Edward verliebt. Für sie war es ein schwieriger Part, denn sie mußte eine blonde Perücke und niedliche Kleider tragen und ein zickiges, hochnäsiges College-Girl spielen, also genau den Typ Frau, den sie in Wirklichkeit verabscheute.

Weitere Hauptrollen erhielten Dianne Wiest als Avon-Beraterin Peg Boggs und Alan Arkin als ihr Ehemann. Peg ist es, die Edward in seinem verwunschenen Schloß aufstöbert und mit nach Hause nimmt.

Tim Burton: »Die Tatsache, daß Winona und Johnny ein Paar waren, hatte keinerlei negative Folgen für das Filmteam. Im Gegenteil, die beiden verhielten sich absolut professionell. Günstig wirkte sich aus, daß wir in Florida drehten, in einem zauberhaften exotischen Ambiente.«

Um den richtigen Drehort zu finden, reisten der Regisseur und sein Designer Bo Welch durch etliche Bundesstaaten. Sie entschieden sich für eine Siedlung in Land O'Lakes nördlich von Tampa, die genau der Vorstellung Burtons entsprach. Ein blitzsauber-spießiges Suburbia, Häuschen mit Vorgärten, die sich alle wie ein Ei dem anderen glichen.

Die fünfzig dort lebenden Familien waren damit einverstanden, daß ihre Siedlung als Drehort benutzt wurde, und stellten zum Teil sogar ihre Häuser für das Filmteam zur Verfügung.

Tim Burton ging noch einen Schritt weiter. Um den Effekt einer klassischen Fünfziger-Jahre-Siedlung zu erzielen, mußten die Häuser verändert werden; kleinere Fenster wurden eingesetzt, die Häuschen neu in kitschigen Pastellfarben gestrichen. Damit waren vierundvierzig der fünfzig Hausbesitzer einverstanden.

Die Ankunft des Filmteams mit Tim Burton und Johnny Depp in Land O'Lakes war für den Ort das große Ereignis des Sommers 1990. Einige der Familien kamen mit Kind und Hund und einem kühlen Bier, um die Dreharbeiten zu beob-

Kim (Winona Ryder) kann sich anfangs nicht mit dem seltsamen Fremden anfreunden

achten und vor allem die bizarren Figuren zu bewundern, die Edward mit seinen Scheren aus Hecken schnitt: Tiere in allen Größen und Formen, einen Bären, Dinosaurier, Elefanten, Pinguine – und sogar einen Elvis.

Für Johnny Depp war diese Rolle die größte Herausforderung seiner bisherigen Laufbahn. Denn die Figur hatte zwar menschliche Empfindungen, schwebte aber jenseits der Realität. Und sie klapperte mit diesen Scheren, was dem Schauspieler ein hohes Maß an Konzentration abverlangte.

Der Star studierte zusammen mit Tim Burton tagelang alte Charlie-Chaplin-Filme, um dessen Mimik und Körpersprache für seine Rolle umzusetzen. Johnny Depp: »Edward ist nicht ein wirklicher Mensch, aber auch keine Maschine oder ein Roboter.« Dazu Winona Ryder, Johnnys Partnerin in diesem Film: »Johnny spielt Edward wie einen kleinen Jungen und mit der Ehrlichkeit eines Menschen, der sich nicht verstellen kann. Du kannst Edward ansehen, wie er unter der Wahrheit leidet.«

Über zwei Stunden saß der junge Schauspieler täglich an seiner Maske, bis das Make-up mit den vielen kleinen Narben aufgetragen war und die komplizierten Scherenhände an ihm hingen. Eine Schablone machte es möglich, daß die Narben täglich an den gleichen Stellen erschienen.

Johnny Depp: »Am Anfang hatte ich ein merkwürdiges Gefühl mit den Scherenhänden, aber nach einer Weile wurde ich eins mit den Dingern, und sie gehörten irgendwie zu mir.«

Um die Scherenhände wie richtige Hände und Finger aussehen zu lassen, die sich auch so bewegen, erfand Special-Effects-Spezialist Stan Winston eine simple Konstruktion, die er vom Marionettenspiel übernahm. Die Scherenklingen wurden zunächst aus dehnbarem Plastik geformt und chromblinkend bemalt. Die einzelnen Scherenfinger wurden in einem Handschuh zusammengefaßt, den sich Johnny Depp überzog. Auf den Plastikklingen wurden echte Scherenblätter befestigt, die sich wie die einzelnen Finger einer Hand individuell bewegen ließen und bei jeder Bewegung klimperten.

Der Film beginnt mit einer Rückblende: Großmutter (Winona Ryder hinter einer dicken Latex-Maske verborgen) erzählt der Kleinen ein Märchen. Oder ist es womöglich ihre eigene Geschichte? Es war einmal ein skurriler Erfinder (Vincent Price), der lebte hoch oben im Schloß. »Da spukt es«, sagt die Kleine. In diesem Schloß schuf der Erfinder einen künstlichen Menschen, ein Wesen in schwarzer, mit Nieten verzierter Ledermontur. Und weil »Edward« (Johnny Depp) zwar im Laboratorium zusammengebraut, doch ein perfekter Mensch werden sollte mit Herz, Gefühl, Kopf und Seele, ließ sich der Erfinder viel Zeit.

Er erteilte Edward Unterricht in Benehmen (wie man den Teelöffel hält) und in Poesie (ein albernes Gedicht), aber als er seinem Geschöpf gerade die Hände geben wollte, starb der Erfinder. Und so hatte Edward dort, wo sonst die Hände sind, eine spitze Konstruktion klappernder Scheren.

Jetzt stakst er als menschlicher Torso herum, mit wild abstehenden schwarzen Haaren und todbleichem, von Schnitten verunziertem Gesicht – ein schönes, aber vermurkstes »Untier« im Spukschloß.

Regisseur Tim Burton (links) im Gespräch mit Vincent Price

73

Dort findet ihn eines Tages die Avon-Beraterin Peg (Dianne Wiest) auf der Suche nach neuen Kunden. Die Spannung erreicht ihren ersten Höhepunkt, wenn die harmlos-nette Peg in das magisch-verzauberte Schloß eintritt und in der hintersten Ecke Edward entdeckt: Er ist nämlich sehr scheu und schüchtern.

Peg fürchtet sich nicht vor seinen Scheren, sondern sieht sofort, daß der Knabe einen neuen Teint nötig hat. Also nimmt sie den Findling kurz entschlossen in ihr properes Eigenheim in der Vorortsiedlung mit. Damit beginnen die Verwicklungen. Alle grünen Witwen rufen unentwegt bei Peg an, weil sie bis zum Platzen neugierig sind auf den merkwürdigen Fremden in ihrem Haus.

Natürlich ist es spaßig anzusehen, wie Edward in Pegs bürgerlicher Familie mit Vater, Mutter und Sohn am Tisch sitzt und es ihm einfach nicht gelingt, mit seinen Scherenhänden ein Glas Saft zu trinken oder ein Toastbrot zu bestreichen – und alle so tun, als wäre nichts.

Richtig lustig wird es, als Peg ihre vielen neugierigen Nachbarinnen zu einer Grillparty einlädt und Edward Büsche und Bäume mit der Kunst seiner Scherenhände in bizarre Tierfiguren verwandelt, Hunde schert und schließlich den Damen neue, kunstvolle Frisuren auf den Kopf zaubert. In dieser Phase wird er vertraulich Ed genannt und von allen geliebt, und die besonders erregte Joyce will sogar einen Modesalon mit Ed als Attraktion aufmachen.

Eine Schrecksekunde stellt sich ein, als Pegs hübsche Teenie-Tochter Kim (Winona Ryder), die den Fremdling noch nicht kennt, nachts von einem Ausflug mit ihrem Freund nach Hause kommt und in ihrem Bett unerwartet eine bleiche Gestalt mit blitzenden Eisenhänden vorfindet.

Kim erleidet einen Schreikrampf, und Edward klappert vor Schreck so wild mit seinen Scheren, daß er im Wasserbett des Mädchens eine Überschwemmung verursacht. Kim muß von der Familie beruhigt werden, die ihr versichert, daß Edward harmlos sei. Sie kann ihn aber nicht ausstehen, doch man ahnt

Edwards Kunststücke

es schon: Edward verliebt sich in das Mädchen. So entfaltet sich eine neue Fabel über »Die Schöne und das Biest«, nur daß sich in diesem Fall die Bestie am Ende nicht in einen Prinzen verwandelt.

Nach einer Weile entdeckt Kim, daß Edward in sie verknallt ist, und begreift aufgrund seiner Verhaltensweisen, daß er kein Schreckgespenst, sondern ein sensibler Kerl ist. Und trotz der paar Narben in seinem blassen Gesicht ein hübscher Bursche – er wird schließlich von Johnny Depp gespielt. Langsam beginnt Kim seine Gefühle zu erwidern.

Edward mausert sich zur Sensation der spießigen Siedlung, alle mögen ihn, er tritt sogar im Fernsehen auf. Doch ein paar unscheinbare Ereignisse lassen die Stimmung plötzlich umschlagen.

Zuerst ist es die liebeshungrige Joyce, die den attraktiven Fremden vernaschen will, doch das geht schief, denn Edwards Scheren sind ziemlich hinderlich, er verhält sich ungeschickt und hat auch keine Lust auf die geile Hausfrau. Von diesem Tag an verbreitet Joyce das Gerücht, Edward habe versucht, sie zu vergewaltigen. Ebenso negativ wirkt sich das bösartige Verhalten von Kims Freund Jim aus, der allmählich maßlos eifersüchtig auf Edward wird. Jim verwickelt den ahnungslosen Fremdling in einen Einbruch in das Haus seines eigenen Vaters, bei dem alle Beteiligten davonkommen, nur Edward wird von der Polizei geschnappt. Doch der aufrechte Kerl hält dicht und verrät niemanden.

Die Stimmung in der Siedlung ändert sich von einem Tag auf den anderen. Dem zuerst von allen geliebten Fremdling schlägt nun blanker Haß entgegen, er wird wie Frankensteins Monster gehetzt und bis auf sein Schloß verfolgt, in das sich Edward wieder zurückzieht. Dort kommt es in Gegenwart von Kim zum Showdown zwischen dem brutalen Jim und dem »netten Monster«, und einer muß dran glauben.

Edward steht in der im Hollywood-Film seit *E. T.* beliebten Tradition der liebenswerten Androiden. Bei der ersten Begegnung mit Peg wirkt er verhuscht wie ein menschenscheues Wesen. Kein Wunder, er hat ja, abgesehen von seinem Erfinder, noch nie ein Exemplar dieser seltsamen Gattung gesehen. Er erschrickt, als Peg ihn berührt, um Gesichtswasser auf seine Narben zu tupfen. Man begreift schnell, daß dieses »Monster« nicht gefährlich ist, sondern verunsichert und ängstlich. Die Begegnung mit »normalen« Menschen ist für ihn das Fremde, Ungewisse – nicht umgekehrt. Besonders der Bösartigkeit und Heimtücke der Menschen ist der aufrichtige Edward nicht gewachsen.

Selbst seine gewaltigen Scheren sind harmlos; nur wenn er aufgeregt ist, kann es passieren, daß er versehentlich jemanden verletzt. Tragisch für ihn, daß er die Geliebte damit nicht umarmen kann.

Edward spricht wenig, versteht aber alles – bis auf die Verhaltensweisen der Menschen. Er kommt in Schwierigkeiten, weil er die »Sitten« nicht beherrscht.

Faszinierend der kindliche Gang der Kreatur, der in seiner Unbeholfenheit an die eckigen Bewegungen eines Stummfilmstars erinnert. Am schönsten aber ist das nur leise angedeutete, durch den Raum schwebende Lächeln Edwards, wenn er sich freut: eine herausragende schauspielerische Leistung Johnny Depps.

Edward mit den Scherenhänden hat zwar kalte Finger, aber sein Herz ist warm und menschlich. Johnny Depp spielte

Kim hat sich in Edward verliebt

diese fast stumme Rolle einer modernen Frankenstein-Figur mit schlafwandlerischer Sicherheit; bei ihm ist Edward kein Monster, sondern ein noch unverformter Mensch, ein exzentrischer Außenseiter, der in die Fänge der amerikanischen Mittelklasse gerät und darin fast umkommt.

Eingeweihte behaupteten, daß Tim Burton – abgesehen von den Händen – Edward rein äußerlich verteufelt ähnlich sähe.

Der Film wurde ein Erfolg und spielte allein in den USA sechsundfünfzig Millionen Dollar ein. Die amerikanische Presse feierte ihn: »Johnny Depps märchenhafte Figur wirkt, als spielte Harry Langdon den Cesare aus dem *Kabinett des Dr. Caligari*«, schrieb Pauline Kael in *The New Yorker*.

Exzellente Kritiken erhielt der Film auch in England. *Daily Mail:* »Ein Horrorfilm, der zugleich eine … Lovestory ist, eine Sozialsatire, die verschiedene Mythen verarbeitet wie *The Beauty and the Beast,* ein anrührender Film, lustig, voller Überraschungen, ein Genuß fürs Auge.«

Auch die deutsche Presse war von dem Film angetan: »*Edward mit den Scherenhänden* ist ein Film der ersten Kategorie. Ihn anzusehen ist lustvoller als über ihn zu schreiben … Burton gehört zu den fabelhaftesten Regisseuren der Nach-Spielberg-Generation.« (*Kölner Stadt-Anzeiger,* 21.4.1991)

»Die Titelrolle spielt Johnny Depp, der Held aus John Waters' *Cry Baby,* mit weißgeschminktem Gesicht, schwarzer Struwwelmähne und Kußmündchen als herzzerreißend liebenswertes Monster.« (*Rheinische Post,* 19.4.1991)

»*Edward Scissorhands* … ist die mit Abstand kurioseste Gesellschaftssatire auf die tangerinrotgespritzte Marshmellow-Ästhetik amerikanischer Kleinbürger.« (*Die Weltwoche,* Zürich, 25.4.1991)

Arizona Dream

Überschwappende Fan-Hysterie kannte Johnny Depp seit seiner beliebten TV-Serie. Dieser Wahnsinn erfuhr eine neue Steigerung, als plötzlich ein Fan auf der Bildfläche erschien,

Axel (Johnny Depp) im Hafen von New York

der sich für Johnny Depp ausgab. Er rief die Studiobosse an und behauptete, er habe keine Gage für *Edward mit den Scherenhänden* erhalten.

Es gab allerdings einen Film, für den Johnny Depp tatsächlich keine Gage nahm; das war sein Cameo-Auftritt in Freddy Kruegers angeblich letztem Horrorfilm *Freddy's Dead: The Final Nightmare* (1991). Johnny wurde in diesem Streifen unter dem bizarren Pseudonym Oprah Noodlemantra auf der Besetzungsliste geführt. Freddy Krueger stand dann allerdings wieder von den Toten auf und spielte erneut in *Wes Craven's New Nightmare* (1994) mit.

1991 erhielt Johnny Depp von dem bosnischen Regisseur Emir Kusturica das Angebot, in seinem Film *Arizona Dream* eine Hauptrolle zu übernehmen. Dieses surreale Melodram unterschied sich radikal von dem märchenhaften *Edward mit den Scherenhänden;* die Dinge entwickelten sich so, wie der Jungstar es sich gewünscht hatte: Keiner seiner Filme sollte dem andern gleichen.

Kusturica, in den Augen der Amerikaner ein typisch europäischer Regisseur, war auf dem Festival in Cannes für seine Filme *Papa ist auf Dienstreise* (1985) und *Zeit der Zigeuner* (1989) ausgezeichnet worden. Johnny Depp mochte seine Filme, besonders fasziniert war er von *Time of the Gypsies.* Deshalb ist es kaum verwunderlich, daß er sofort zusagte.

Kusturica hatte an der Columbia-Universität in New York ein Filmseminar gehalten, als ihm ein Student namens David Atkins sein fertiges Drehbuch vorlegte. Es ging dabei um eine Action- und Mordstory. »Ich kann den Mechanismen dieser Art von Geschichten nichts abgewinnen«, meinte der Regisseur und entwickelte gemeinsam mit Atkins ein neues Drehbuch.

Es sollte ein Film über Amerika werden, gesehen mit den Augen eines Europäers. Kusturica: »Der amerikanische Traum ist jedermanns Traum in der westlichen Zivilisation – ein Auto zu besitzen, etwas Geld und ein eigenes Haus. Aber als ich zwei Jahre in Amerika lebte, fand ich dort andere Verhältnisse vor, als ich erwartet hatte. Das ist ein Problem: Wenn du die Illusion des amerikanischen Traums zerstörst, zerstörst du die Träume unserer Jugend.«

Kusturica hatte für die französisch-amerikanische Koproduktion einen Etat von siebzehn Millionen Dollar zur Verfügung, seine beiden Produzenten waren Claude Ossard und Yves Marmion. Gedreht wurde in Alaska, New York und Arizona. Für die Hauptrollen konnte Kusturica neben Johnny Depp die Weltstars Faye Dunaway und Jerry Lewis gewinnen, daneben waren Lili Taylor und Vincent Gallo, ein New Yorker Underground-Musiker, mit von der Partie. Gallo, ein Freund von Johnny Depp aus den Zeiten von *21 Jump Street,* schilderte die auftretenden Turbulenzen während der Dreharbeiten und die Veränderungen, die mit seinem Freund vor sich gegangen waren: »Er traf sich mit Winona. Die beiden trugen

Klamotten aus Second-Hand-Läden. Er trat mit Tätowierungen und Ohrringen in TV-Shows auf. Ich haßte das.«

Nach einer Reihe von schwierigen Nachtaufnahmen hatte Kusturica einen Nervenzusammenbruch. Er kehrte nach New York zurück und wollte nicht weiterarbeiten, wenn ihm das Studio nicht mehr Zeit und Geld zur Verfügung stellte, um seine Visionen zu verwirklichen. Man wollte ihn feuern, doch das Filmteam hielt zu ihm und weigerte sich, unter einem anderen Regisseur zu drehen.

Kusturica: »Ich bin ein europäischer Regisseur, kein Amerikaner, ich war nicht darauf gefaßt, womit die mich konfrontierten. Sie wollten keine Imagination. Sie verlangten einen Anfang, eine Mitte und einen Schluß, das Ende nett und passend und happy!«

Der Job ging dem Regisseur, einem Alles-oder-nichts-Künst-

Regisseur Emir Kusturica

ler, an die Nieren, denn die Amerikaner verlangten eine straffe Story, keine Kunstfiguren. Kusturica ließ einen Fisch durch die Bilder schweben und seine Darsteller russisches Roulette spielen.

Er ist ein Mann voll exzentrischer Einfälle, mit einer überbordenden Phantasie. Johnny Depp verstand sich gut mit ihm, zwischen ihnen stellte sich eine Art Seelenverwandtschaft her. Sie unterhielten sich nächtelang über Dostojewski und Kerouac, hörten laute Musik und waren am Ende sturzbetrunken. Kein Wunder, daß Eifersüchteleien unter den Stars die Folge waren. Faye Dunaway fühlte sich zurückgesetzt, wollte wie eine Diva behandelt werden.

Emir Kusturica und Johnny Depp flogen im Sommer 1992 zum Filmfestival nach Cannes, um den noch unvollendeten Film zu promoten. Vincent Gallo bemerkte dazu bissig: »Johnny war nur scharf darauf, in Cannes zu erscheinen, um dort im Hotel du Cap von allen gehätschelt zu werden. Dann weigerte er sich, Interviews zu geben, nur weil er in einem Artikel gelesen hatte, daß auch Marlon Brando sich weigerte, Interviews zu geben.«

Der fertige Film feierte im Frühjahr 1993 bei den Berliner Filmfestspielen Premiere und gewann den Silbernen Bären als Spezialpreis der Jury.

Arizona Dream (1992) ist ein magisches Roadmovie: Die Reise führt vom schneeverwehten Norden Alaskas in den tiefen Süden, nach Arizona. Das Geschehen ist vielschichtig visionär, wobei die Ebenen zwischen Phantasie, Realität und Traum oft ununterscheidbar sind. Die einzelnen Episoden sind mal hart aneinandergeschnitten, mal in weichen Überblendungen ineinander verwoben.

Axel Blackmar (Johnny Depp) ist auf einem Trip, ein junger Mann mit verträumtem Gesicht und wenig Lust darauf, dem offiziellen Traum von Reichtum und Erfolg zu folgen. Sein Reiseführer ist ein fliegender Fisch, sein Begleiter ein Husky, denn Axel hat Eskimos im Kopf und sturmgepeitschte Eiswüsten – mit diesen wildbewegten Bildern beginnt der Film.

Ein Mann und eine Frau, klirrende Kälte, Hundeschlitten, die ins Eis einbrechen, der Mann erfriert (fast), der Husky und die Frau retten ihn, schleppen ihn in eine tiefverschneite Hütte – das alles sind Phantasmagorien in Axels Kopf.

Ein Eskimojunge läßt einen roten Luftballon steigen, über stürmische Wolken treibt er davon und erreicht New York; dort zerplatzt der Traum, und wir sehen Axel, wie er bei der Hafenverwaltung arbeitet und Fische registriert.

Er hat mit siebzehn Jahren seine beiden Eltern bei einem Autounfall verloren und alle Brücken hinter sich abgebrochen.

Da ruft ihn sein Onkel Leo (Jerry Lewis), ein Autohändler, nach Arizona. Zusammen mit Paul (Vincent Gallo) fährt er in den Süden, vorbei an im freien Feld schwebenden Cadillacs. Leo braucht Axel als Trauzeugen, denn er heiratet noch einmal – ein naives Mädchen namens Millie.

In Arizona angekommen, vertieft sich Axel zunächst in die alten Amateurfilme seines Onkels in dem Versuch, dort seine

Cadillacs: der amerikanische Traum

Wurzeln wiederzufinden. Doch Leo ist nur darauf versessen, aus Axel einen Autoverkäufer zu machen, was den jungen Mann nicht die Bohne interessiert.

Leo unterweist Axel in den drei Grundregeln der Verkaufstechnik: Charme, Sex und Psychologie. Und Leo überträgt dieses Prinzip auch auf seine Vorstellung von einer Frau: »Neues Modell, geringe Abnutzung, Stromlinienform – alles andere wäre unter deinem Niveau.«

Nur um Leo einen Gefallen zu tun, trainiert Axel die Verkaufstechniken, aber eigentlich will er nichts davon wissen. Als die nicht mehr ganz junge Elaine (Faye Dunaway) im eleganten schwarzen Rock einen Cadillac begutachtet, dabei in die Knie geht und ihre hinreißende Figur präsentiert, verliebt sich Axel in sie. Elaine ist eine durchgeknallte Witwe, die ihren Mann bei einem Unfall erschossen hat. Sie lebt mit ihrer Stieftochter Grace (Lili Taylor) in einem einsamen Haus draußen vor der Stadt. Und weil das ganze Vermögen ihres Mannes Grace geerbt hat, steht die exzentrische Elaine in einer verhängnisvollen finanziellen Abhängigkeit von ihrer Stieftochter.

Anstatt Cadillacs zu verkaufen, wie es sich Leo erträumt hatte, zieht Axel zu den beiden Frauen hinaus und beschäftigt sich mit dem Bau grotesker Fluggeräte. Zwar liebt Axel die ältere der Damen, doch die junge umgarnt ihn ebenfalls, und so verstrickt sich das Trio in immer komplexere Konstellationen aus Liebe, Haß und Eifersucht.

Axel: »In einem Traum mit zwei Frauen gefangen zu sein, das ist der größte Streß, in den man geraten kann. So verankerte ich mich und wartete, bis der Sturm verging.«

Eine wunderbare Slapstick-Nummer führt sein Kumpel Paul (Vincent Gallo) vor. Er nennt sich Paul Leger, was auf französisch angeblich »zum Schauspielen geboren« bedeutet. Dann imitiert er phantomimisch Cary Grant aus Hitchcocks *Der unsichtbare Dritte,* wie er in einer leeren Landschaft neben einem Maisfeld von einem Flugzeug angegriffen wird. Jede der Personen ist auf ihre Weise von einer fixen Idee be-

Flugversuche: Johnny Depp und Faye Dunaway

sessen. Leo will auf einem Berg übereinandergestapelter Cadillacs zum Mond fliegen – am Ende kommt er im Kranken-
wagen zu seiner Himmelfahrt –, die liebes- und todessüchtige
Grace möchte als Schildkröte wiedergeboren werden, Elaine
hat nichts als Fliegen im Sinn, dabei übt sie sich in immer neu-
en Bruchlandungen, und Axel ist in seiner Eskimowelt gefangen wie ein Fisch der Lüfte.

Emir Kusturica in seinem schwer deutbaren Filmrätsel: »Ich
sehe den Menschen als Fisch, der durch eine Großstadt
schwebt. Der Fisch begreift nichts von der Stadt, er fliegt nur
hindurch.«

Für Johnny Depp war *Arizona Dream* wieder einmal eine
gute Gelegenheit, eine bizarre Außenseiternummer abzuzie-
hen. Die Rolle des Axel stellte aber auch eine große Heraus-

forderung für ihn dar. Er spielte den verträumten Lover äußerst passiv; er nähert sich den Frauen nicht als Eroberer, sondern läßt sich von ihnen fesseln. Er ist mal zärtlich, mal leidenschaftlich und verspielt, als stünde er als Beobachter ironisch lächelnd neben sich. Mit Grace läßt er sich auf ein russisches Roulette ein, sie setzen sich beide die Pistole an den Kopf und drücken ab.

Axel agiert, als wäre er in der Eiswüste verloren, ein im Schnee verwehter Eskimo, ein Fisch, der durch die Lüfte segelt. Johnny Depp, ein uramerikanischer Star, vermittelt in diesem Film das Feeling des Prager Frühlings, er erinnert an Helden aus tschechischen Filmen von Milos Forman und Jiri Menzel, meinte jedenfalls Emir Kusturica.

Johnny Depp: »Ich spiele einen Typ, der tief im Herzen ein Idealist ist, der nach Alaska möchte, um Eskimo zu werden. Aber weil die Dinge im Leben manchmal anders laufen ...

Die schöne Witwe und ihre Tochter in ›Arizona Dreams‹: Faye Dunaway und Lili Taylor

wird er korrupt … oder besser, womöglich wird er korrupt, man weiß das nie so genau, denn die Grenze zwischen Realität und Traumwelt ist nie eindeutig festgelegt.«

»Die Landschaft, in die sich Kusturicas Figuren gestellt sehen, spielt natürlich eine mindestens ebenso entscheidende Rolle: die Ostküste, der hohe Norden und der Südwesten, unmittelbar an der mexikanischen Grenze. Er sei, sagt der Regisseur, von einem Extrem zum anderen gegangen und habe versucht, in dem Raum dazwischen eine zärtliche, humorvolle Liebesgeschichte zu erzählen.« (*Frankfurter Allgemeine Zeitung,* 13.2.1993)

»Axel (Johnny Depp) hat seine Eltern verloren, drum denkt er oft an Kolumbus. Schon der hat gewußt, wohin eigentlich seine große Erkundungsfahrt gehen wird: History is all dream.« (*Süddeutsche Zeitung,* 14.5.1993)

»Johnny Depp ist der visionäre Delinquent, der sich weigert, die Strukturen der Erwachsenenwelt anzuerkennen.« *(Sight and Sound)*

Der Erfolg des Films war mehr sporadischer Natur. Die Amerikaner mochten den Spiegel nicht, den ihnen Kusturica vorhielt. In Frankreich dagegen feierte der Film große Erfolge, er lief lange Zeit in Paris. In England kam er verspätet auf den Spielplan, nachdem der Regisseur mit *Underground* (1995) in Cannes die Goldene Palme gewonnen hatte.

»Da ist etwas in mir, das sich schon immer wandeln wollte«, kommentierte Johnny Depp seine Rolle. »Zum Beispiel war ich schon seit meiner Kindheit von der Idee fasziniert, auf eine Zeitreise zu gehen oder ein anderer zu sein in einer anderen Zeit.«

Benny und Joon

In der Tragikomödie *Benny und Joon* (1993) gab es wieder einmal eine ideale Rolle für Johnny Depp, und sie bot ihm Gelegenheit, mit einem nahezu unbekannten Regisseur zusammenzuarbeiten.

Spätestens seit *Platoon* war der Jungstar ein gebranntes Kind, wenn es um berühmte Inszenatoren ging. Die weniger bekannten waren ihm schon deshalb lieber, weil sie ihm mehr Spielraum ließen, und den brauchte er wie die Luft zum Atmen.

Johnny Depp über die Auswahl seiner Rollen: »Es sieht so aus, als suchte ich die ausgefallensten Rollen, um sie deshalb zu spielen, weil sie ausgefallen sind. So ist es aber nicht. Ich mache nur Dinge, die ich mag. Aber ich gebe zu, daß meine Vorliebe dem Abseitigen gilt. Ich fühle mich irgendwie besser dabei. Ich habe mehr Beziehung dazu als zu den geraden Rollen. Ich hasse die üblichen Stoffe, sie geben mir nichts.«

Zur Entstehung von *Benny und Joon* gibt es eine lange Vorgeschichte. Die Story wurde als Screwball-Comedy um einen liebenswerten Charakter konzipiert, einen Fremdling, der sich in die verhaltensgestörte Schwester der männlichen Hauptfigur verliebt.

Ursprünglich sollte das Paar von Julia Roberts und Tom Hanks gespielt werden. Beide waren schon Superstars, auch wenn Hanks damals seine Oscars noch nicht gewonnen hatte. Sie wurden als heiße Kandidaten gehandelt, aber die Sache verlief im Sande. Dann fiel die Wahl auf Susan Sarandon und Tim Robbins, die auch im wirklichen Leben ein Paar waren und gerade zusammen mit Kevin Costner in der Baseball-Story *Annies Männer* (*Bull Durham,* 1988) Erfolg gehabt hatten. Das klappte auch nicht.

Schließlich holte MGM Johnny Depp, der im Hintergrund schon die Fäden gezogen und Interesse an der Rolle des Fremden signalisiert hatte. Laura Dern sollte das Mädchen spielen und Woody Harrelson den Bruder. Miß Dern erhielt dann für ihren Film *Rambling Rose* (1991) eine Oscar-Nominierung und zog ihre Zusage zurück. In dieser Situation wollte sie sich nicht mit der dritten Rolle auf der Besetzungsliste zufriedengeben.

Noch kurioser verlief die Absage von Woody Harrelson. Er hatte mit Regisseur Adrian Lyne gesprochen und erfahren, daß er in dem Thriller *Ein unmoralisches Angebot* (*Indecent Proposal,* 1993) neben Robert Redford und Demi Moore als deren Ehemann auftreten sollte, und diese Rolle erschien ihm allemal erfolgversprechender.

Harrelson wurde vom Studio auf Schadensersatz von fünf Millionen Dollar verklagt für den Fall, daß er in der Zeit, in der er bei MGM unter Vertrag stand, eine andere Rolle annehmen sollte. Dem Schauspieler war sein plötzlicher Erfolg zu Kopf gestiegen, und er kam nun mit dem Argument, unter einem unbekannten Regisseur wie Jeremiah Chechik wolle er nicht arbeiten, denn er könnte ihm »nicht trauen«.

Schließlich kam Aidan Quinn ins Gespräch als handfester Mechaniker an der Seite des emotional verwirrten Mädchens Joon, für das nun Mary Stuart Masterson vorgesehen war. Nach diesem eitlen Hollywood-Hickhack um Rollen, Image

Johnny Depp als Sam in ›Benny und Joon‹

und Gagen konnte die Arbeit an dem Film endlich beginnen.
Das Originalkonzept zu *Benny und Joon* stammte von Drehbuchautor Barry Berman, der ehemals dem berühmten Ringling-Brothers-Zirkus angehört hatte und mit riesigen Schuhen, glänzendem Make-up und roter Pappnase als Clown durch die Lande getourt war.

Zwischen den Nummern hatte man klassische Filmszenen mit Charlie Chaplin und Buster Keaton gezeigt. Mit seiner Erfahrung schuf Berman die für Johnny Depp vorgesehene Figur des Sam. Zusammen mit Leslie McNeil dachte er sich die Figur aus, erfand komische Details, und dann landete das Skript bei den Produzenten Susan Arnold und Donna Roth: »Als Donna und ich das Manuskript zuerst lasen, sahen wir sofort, daß es eine Menge Juwelen enthielt. Es war gleichzeitig lustig, romantisch und eine Geschichte von großer Eindringlichkeit.« Da Susan Arnold früher selbst einmal in Kalifornien in einem Workshop mit Patienten in der Psychiatrie gearbeitet hatte, fand sie es wichtig, einen Film zu machen »über Menschen, die es im Leben schwerer haben als die meisten von uns«.

Nachdem das Drehbuch stand, mußte ein geeigneter Regisseur gefunden werden. Wichtig erschien es dabei, einen Mann zu engagieren, der Sinn für den Humor zwischen den Zeilen dieser sensiblen Lovestory mitbrachte. Das war nicht einfach in der nur auf raschen Erfolg fixierten Hollywood-Szene.

Man fand ihn schließlich in dem Kanadier Jeremiah Chechik, der bisher allerdings nur einen Preis für seine Komödie *National Lampoon's Christmas Vacation* (1989) gewonnen hatte. Der Regisseur mochte die Charaktere des Films, und er schlug vor, daß Sam die Schlüsselfigur in der Geschichte werden sollte. Er hatte *Edward mit den Scherenhänden* gesehen und war begeistert von der Art, in der Johnny Depp mit subtilen Mitteln und kleinen Gesten, sozusagen aus nichts, viel zu machen verstand.

Die Produzentin Donna Roth war mit dem Regisseur einer Meinung: »Es ist ohne Zweifel etwas Magisches, das von

Joon (Mary Stuart Masterson) regelt den Verkehr

Johnny ausgeht. Das erste Mal, als wir uns mit ihm trafen, war es eine Art ›Blind Date‹, zugleich aber eine große Entdeckung ... Johnny übertraf alle unsere Erwartungen. Im Film ist Sam ein großer Fan von Charlie Chaplin und Buster Keaton, er gibt eine Slapstick-Vorstellung im Park, um Joon zu unterhalten. Johnny Depp konnte dieser Rolle nicht widerstehen, sie gab ihm erneut Gelegenheit, sich in das Werk von Keaton einzuarbeiten ...«

Johnny Depp über Keaton: »Er ist ein unbeachtetes Genie. Er kann Worte vermitteln ohne Worte – nur mit einer Geste oder einem winzigen Augenzwinkern. Stummfilm-Komödie – das bedeutet eine wirkliche Herausforderung. Es ist ziemlich einfach, jemandem zu sagen, daß man ihn liebt, aber es ist sehr viel schwieriger, das ohne Worte auszudrücken.«

Die Chance, einer neuen Generation von Kinogängern das Werk des großen Komikers nahezubringen, gefiel Johnny Depp. »Es war eine große Zeit für mich, als ich Keaton, Chaplin und Harold Lloyd entdeckte. Comedy mit so großem physischem Einsatz zu spielen ist eine extreme Herausforderung. Ich bekam den größten Respekt vor diesen Jungs ... Keaton revolutionierte das Kino, aber er wurde nie als das Genie erkannt, das er war. Während Chaplin noch zu Lebzeiten in den sechziger Jahren mit Preisen überhäuft wurde, mußte sich Keaton in billigen Bingo-Filmen verdingen. Das Seltsame an *Benny und Joon* war ja, daß ich hier Buster Keaton meine Reverenz erweise in einem MGM-Film, und MGM war das Studio, das Keatons Karriere als erstes abgeschrieben hatte. Darin lag eine Art tieferer Ironie.«

Die Figur des Sam ist kunstvoll aus Chaplin und Keaton zusammengesetzt. Von Chaplin übernahm man das Outfit, die weite Hose, Hosenträger, Schuhe, das Stöckchen, von Keaton die stoische Haltung, die minimale Körpersprache.

Sehr wichtig für das Gelingen des Films war auch die Figur des Mädchens. Dazu Mary Stuart Masterson: »Ich wollte, daß sich das Publikum mit Joon identifizieren konnte, ohne sie ausschließlich als Opfer oder tragische Figur zu sehen ... Sie hat etwas von einer sehr intelligenten Person, mit schnellem Witz, aber ohne Blick für die Realität. Es kam einer wahren Enthüllung gleich, einen Charakter zu spielen, dessen Vertrauen durch die alltägliche Konfusion erschüttert war. Meine eigenen Unsicherheiten kamen dabei an die Oberfläche ...«

Gedreht wurde der Film in dem Städtchen Spokane in Washington. Der Ort nahm das Filmteam freundlich auf, er war als Hintergrund gut geeignet, nicht nur die hübsche Innenstadt, sondern auch der Riverfront Park für Johnny Depps Slapstick-Nummern. Die Innenaufnahmen wurden in einem verlassenen Warenhaus gedreht, das man entsprechend umgebaut hatte.

Eine romantische Slapstick-Komödie, melodramatisch akzentuiert, über den Tramp und das Mädchen – und daß sie sich finden werden, läßt der Anfang der Geschichte erkennen. Denn in den ersten Einstellungen fährt eine Eisenbahn über eine Brücke, und in Gegenschnitten sieht man Hand und Pinsel einer Malerin, die dick Farbe auf die Leinwand reibt.

Aus dem Fenster des Zuges schaut ein junger Mann mit Melone: Er liest ein Buch über Buster Keaton. Es ist der Spaßvogel Sam (Johnny Depp), ihn wird Joon (Mary Stuart Masterson) eines Tages in der Krone des Baumes vor ihrem Haus sitzen sehen. Das autistische Mädchen wohnt in einem Glashaus im Grünen, eingesponnen in die Traumwelt ihrer Farbvisionen.

Dann gibt es noch den aufopferungsvollen Ben (Aidan Quinn), der sich rührend um seine verhaltensgestörte Schwester kümmert. Er arbeitet in einer Autowerkstatt, repariert aber nicht nur alte Wagen, sondern auch seelische Ungleichgewichte.

Seine Schwester pflegt auf expressive Art Geschirr zu zer-

Sam gewinnt Joons Vertrauen

Johnny Depp als Inkarnation von Keaton und Chaplin

deppern, wenn sie einen ihrer Wutanfälle bekommt, und die treffen pünktlich ein, was wiederum die Haushaltshilfen so vergrault, daß sie regelmäßig die Flucht ergreifen; originell ist auch Joons Einfall, mit Tennisschläger und Taucherbrille den Verkehr auf der Straße zu regeln, auch wenn die Polizei das weniger witzig findet. Benny hat nicht nur Probleme damit, eine neue Hausgehilfin zu finden, er muß sich auch gegen die Ärztin im Fürsorgeamt wehren, die eine Einweisung seiner Schwester in eine Anstalt verlangt.

Da trifft ihn eine weitere schlechte Nachricht: Joon hat beim Pokern einen jungen Mann gewonnen. Es ist Sam, der nichtsnutzige »Cousin« eines Kollegen. Der verlangt nun, daß der Gewinn realisiert wird und Sam zu Benny und Joon ins Haus zieht. An Kummer gewöhnt, läßt Ben sich auch darauf ein – doch das ist der Beginn einer wundervollen Freundschaft. Sam kann zwar kaum lesen, hat aber ein großes Repertoire lustiger Zaubertricks auf Lager. Nicht alltäglich ist seine Masche, mit dem Wohnzimmersessel Skateboard zu fahren oder das Bügeleisen als Toaster zu verwenden, und auch seine clowneske Vorstellung im Park läßt Freude aufkommen.

Gleich zu Beginn ihrer Freundschaft fällt den Geschwistern Sams besondere Begabung auf, als sie in einer Bar am Tresen sitzen. Dabei führt Sam mit zwei Gabeln und zwei Semmeln einen pittoresken Tanz vor, eine Nachahmung von Charlie Chaplins berühmtem Brötchentanz aus *The Gold Rush* (1925).

Eine düstere Rückblende liefert die Erklärung für Joons Verstörungen: Die Eltern der Geschwister sind bei einem Autounfall ums Leben gekommen; man sieht, wie die Kinder hilflos die Szene beobachten.

Fernsehstunde: Mary Stuart Masterson, Julianne Moore, Johnny Depp (v. l. n. r.)

Der Luftikus

Benny ist zunächst davon sehr angetan, daß der Fremde, den er da als Folge eines verlorenen Kartenspiels überraschend frei Haus geliefert bekam, sich so gut einfügt und von Joon als »Hausgehilfe« akzeptiert wird. Als Benny dann aber die für ihn alarmierende Entdeckung macht, daß Joon sich in Sam verliebt hat, wirft er den Fremden kurzerhand hinaus. Damit ist die Geschichte aber noch nicht zu Ende, auch nicht mit dem Fluchtversuch, den die Liebenden unternehmen.

Daß die normalen Verrückten und die verrückten Normalen sich in diesem Film kaum unterscheiden, ist ein sympathischer Kunstgriff des Regisseurs, der sich der Problematik der Neurosen und Psychosen mit großer Leichtigkeit nähert; einen Kommentar auf einer zweiten Ebene liefert dazu Johnny Depp in der Rolle des Melancholikers Buster Keaton, für den Wahn und Wirklichkeit ununterscheidbare Komplizen waren.

»Johnny Depps Imitationskünste sind nicht nur hinreißend, sie verleihen dem Film auch jenen psychologischen und philosophischen Hintergrund, der sich allein mit dem Verweis auf den Irrsinn, der dem Verlust der Eltern entspringt, nicht einstellen will.« (*Frankfurter Rundschau*, 22.7.1993)

»Das Happy-End … gerät Chechik zwar etwas zu happy, aber seine hervorragenden Schauspieler machen das poetische Plädoyer für die Heilkraft der Liebe glaubhaft.« (*Abendzeitung*, München, 22.7.1993)

»Tausendsassa Johnny Depp vertritt auch die Trivialität mit Charlie-Chaplin-Charme.« (*FAZ*, 22.7.1993)

Und die Meinung von Tom Hutchinson in *The Mail on Sunday* las sich wie folgt: »Mit seinen Clownerien für ein psychisch krankes Mädchen überhöht Johnny Depp auf sanfte Weise die Rolle des exzentrischen Außenseiters, die sein Markenzeichen geworden ist. Entzückend gespieltes Märchen, das zu Herzen geht.«

Gilbert Grape

In London hatte der *Evening Standard* den Film *Benny und Joon* als »zu verrückt, um ihn in Worte zu fassen« bezeichnet. Das nächste Filmangebot, das Johnny Depp bekam, schien an diese Tradition anzuknüpfen.

»Ich beschränke mich nicht bei der Auswahl meiner Figuren, weil ich nur Dinge tue, die mir wahrhaftig erscheinen. Ich halte die Charaktere, die ich spiele, für normaler, als man gemeinhin meint. Man scheint eine durchgehende Linie aus meinen Rollen herauslesen zu können, denn die Typen, die ich spiele, werden von den sogenannten normalen Menschen als ›Freaks‹ bezeichnet. Ich glaube, daß ich von diesen Rollen angezogen werde, weil mein eigenes Leben auch anormal verlaufen ist. Mein einziges Problem besteht darin, daß ich auf keinen Fall in eine Schublade gesteckt werden will.«

Der schwedische Regisseur Lasse Hallström, bekannt geworden durch den Film *Mein Leben als Hund* (1985), hatte die Absicht, den Roman »What's Eating Gilbert Grape« von Peter Hedges zu verfilmen. Der Autor war begeistert von der Idee, und er sollte auch das Drehbuch schreiben. Peter Hedges: »Mir war klar, daß Lasse diesen Charakteren eine große Menschlichkeit geben würde, wo andere sich vielleicht über sie lustig gemacht hätten.«

Und obwohl Johnny Depp diesmal seine Zweifel hegte, ob er schon wieder einen so empfindsamen Burschen darstellen sollte, unterzeichnete er den Vertrag. Verlorene Seelen liegen ihm einfach.

Regisseur Lasse Hallström zu seinen Intentionen als Filmemacher: »Wenn Sie das Leben abbilden wollen, müssen Sie Drama und Komödie mischen, denn das Leben ist zugleich dramatisch und komisch.«

In der ersten Einstellung von *Gilbert Grape – Irgendwo in Iowa* sieht man eine leere Straße in einer weiten hügeligen Landschaft. Gilbert und sein Bruder warten wie jedes Jahr auf die Ankunft der Wohnwagen.

Ein Haus auf freiem Feld, verwinkelt, romantisch, irgendwo in einem gottverlassenen Ort in der amerikanischen Provinz. Der Wind rauscht durch die Bäume. Ein Junge spielt im Garten.

Hier wohnt Gilbert Grape (Johnny Depp). Er ist der Erzähler und die Hauptfigur der Geschichte, ein tragikomischer Held. Auf den ersten Blick der nette Junge von nebenan, aber eigentlich doch nicht. »Du bist mein Ritter in seiner schim-

mernden Rüstung«, nennt ihn seine Mutter (Darlene Cates).
Es werden ihre letzten Worte sein.

Gilbert Grape trägt langes kastanienbraunes Haar, Latzhosen oder normale Jeans, und er lächelt oft etwas resigniert. Denn auf ihm lastet die Verantwortung für seine Familie, die er am Anfang mit ruhiger Stimme vorstellt, eine ungewöhnliche Familie, die er liebt, für die er sorgt, die seine Nerven aber bis zum letzten strapaziert. Denn Gilberts Vater verschwand eines Tages – vor sieben Jahren ging er in den Keller und machte sich davon, mit einem Strick um den Hals. Seither hat sich seine Mama aus Kummer etliche Pfunde zuviel angefressen.

Da ist sein geistig zurückgebliebener Bruder Arnie (Leonardo DiCaprio), der dem Ort regelmäßig ein Schauspiel liefert, indem er auf den Wasserturm klettert. Dann kommt der wü-

Johnny Depp als Gilbert Grape

tende Sheriff angefahren, und auch der Wagen des Leichen-
bestatters steht schon bereit. Allein Gilbert kann Arnie dazu
bewegen, wieder herunterzusteigen.

Dann sind da seine widerspenstigen Schwestern: Ellen kocht
und putzt, und Amy läßt ihre Pubertätsprobleme an Arnie
aus. Unübersehbar ist die monströs fette Mama, die mit ihren
fünfhundert Pfund auf dem Sofa lagert und schon seit Jahren
das Haus nicht mehr verlassen hat, weil sie sich nicht mehr auf
den Beinen halten kann.

Die Geschichte spielt in einem trostlosen Provinzkaff namens
Endora, in dem nie etwas passiert; es besteht aus einem Drugstore, einer Kneipe und ein paar Häusern, ein Ort wie »Tanzen ohne Musik«. Doch während scheinbar nichts los ist, er-

*Gilbert kümmert sich selbstlos um seinen Bruder Arne (Leonardo
DiCaprio)*

Gilberts Job im Tante-Emma-Laden

eignen sich kleine menschliche Tragödien, die heiter-verquer
mit eigentümlichem Humor erzählt werden.

Gilbert arbeitet in dem Lebensmittelladen von Mr. Lamson,
der von dem Supermarkt »Foodland« in seiner Existenz bedroht ist. Dann gibt es die attraktive, aber frustrierte Mrs.
Betty Carver (Mary Steenburgen), die Gilberts Lieferungen
ins Haus zu sexuellen Dienstleistungen nutzt, während Mr.
Carver Gilbert zu verfolgen scheint; in Wahrheit will ihm der
tumbe Mensch nur eine Versicherung andrehen.

Bei den Grapes ist Streit und Zoff der normale Alltag; meist
tobt Arnie beim Essen herum, oder er läßt sich nicht baden,

oder er ist einfach verschwunden. Wenn die Mama dann wütend aufstampft, sieht es so aus, als würde gleich der Boden durchbrechen und die Familie in den Keller stürzen.

Einmal läuft im Fernsehen der Film *Ein Platz an der Sonne* (1951, mit Elizabeth Taylor und Montgomery Clift) als ironischer Kommentar zur Situation der Familie Grape, deren Chance auf einen sozialen Aufstieg gegen Null tendiert.

Eines Tages verläßt Missis Grape aber doch das Haus, und das ist im Ort eine Sensation, bei der die Leute wieder etwas zu glotzen haben. Die Polizei hat Arnie vom Wasserturm geholt und in Gewahrsam genommen, weil Gilbert einmal durch ein Mädchen abgelenkt war und seinen Bruder (den er trotz allem oder gerade wegen seiner Behinderung liebt) nicht im Auge behalten hat.

Die gewaltige Mama wackelt mühsam, von ihren Töchtern gestützt, in die Polizeistation und brüllt den vor Schreck erstarrten Sheriff an: »Gib mir meinen Sohn!« Als dieser etwas von einem Formular stammelt, wiederholt sie nur in derselben Lautstärke ihren Satz. Minuten später ist Arnie frei und die Familie wieder glücklich vereint. Arnie lacht unkontrolliert und bedauert, daß ihn die Polizei ohne Sirene und Blaulicht abgeholt hat.

Einmal im Jahr kommt eine Karawane chromblitzender Airstream-Trailer die endlose Landstraße entlang, die an Endora vorbeiführt. Normalerweise halten die Wohnwagen nicht mal, doch dieses Jahr hat einer eine Panne. Und so kommt es, daß man plötzlich ein mageres, abenteuerlustiges und unglaublich hübsches Mädchen im Ort sieht.

Becky (Juliette Lewis) und ihre Großmutter müssen so lange in Endora bleiben, bis ein Ersatzteil für ihr Auto eingetroffen ist. Und natürlich stellt sich für Gilbert über Arnie, der auf Fremde ungezwungen zugeht, sofort ein Kontakt zu Becky her.

Die zarte Liebesromanze mit Becky reißt Gilbert aus seinem trostlosen Alltag, macht ihm um so mehr bewußt, wie sehr er in diesem Ort lebendig eingemauert ist.

Becky stellt den genauen Gegenpol zu Gilberts kleiner Welt dar: Sie ist der Tramp, die Weltenbummlerin, die »schon überall war«, wie ihre Großmutter bemerkt, während Gilbert aus seinem Kaff kaum je herausgekommen ist. Sie erscheint offen, locker, frei und unkompliziert, Gilbert dagegen lebt in seiner Welt der Geheimnistuerei und Halbheiten. Als sie ihn fragt, was er sich wünscht, hat er Mühe zu antworten. Für Arnie ein neues Hirn, meint er dann, und für Mama einen Aerobic-Kurs. Und was er sich selbst wünsche? insistiert Becky. »Daß ich ein guter Junge bin«, antwortet Gilbert.

Gilbert ist zwar nach außen hin ein charmanter und liebenswerter Charakter, doch seine gelegentliche Passivität und seine zweifelnden Blicke kaschieren sein wahres Ich. Denn tief drinnen in ihm schlummert ein Ansatz von Feindseligkeit, der

Gilberts Mutter (Darlene Cates) verläßt nach Jahren erstmals wieder das Haus, gestützt von ihren Töchtern Amy (Laura Harrington) und Ellen (Mary Kate Schellhardt)

sich bisweilen in kleinen aggressiven Momenten fast unbemerkt entlädt.

Als sein Bruder vor dem Haus herumtobt und die kleine Schwester Trompete spielt, kann er die Situation plötzlich nicht mehr aushalten und ist nahe daran, seine Schwester mit dem Wagen zu überfahren. Ein andermal läßt er einen Luftballon absichtlich platzen, und als Arnie sich weigert, in die Badewanne zu steigen, um an seinem achtzehnten Geburtstag nicht als Stinker herumzulaufen, klebt er ihm eine.

Diese Unbeherrschtheit bringt Gilbert selbst aus dem Gleichgewicht, sie trifft ihn als persönlicher Sündenfall, denn sein eigener Anspruch lautet: Niemand darf Arnie etwas antun.

Becky ist es, die Gilbert bewußtmacht, daß er nicht auf Dauer seine eigenen Wünsche zurückstellen kann, wenn er nicht innerlich verkümmern will.

Das letzte Bild des Films ist gleichzeitig das erste. Nach einem großen »Feuerwerk«, das Gilbert aus seinem Gefängnis entkommen läßt, wartet er mit seinem Bruder an der Landstraße auf die Kolonne der Campingwagen: Wann kommt Becky, will Arnie immer wieder wissen. Endlich steht Gilbert die Welt offen, das Abenteuer des freien ungebundenen Lebens.

Die Kamera von Sven Nykvist taucht die Szene in verzauberte Landschaften aus Licht und Gegenlicht. Besonders intensiv die zarten Brauntöne, als Gilbert und Becky sich auf freiem Feld in Großaufnahmen begegnen.

Neben den darstellerischen Leistungen seiner Stars Johnny Depp und Juliette Lewis sind zwei Schauspieler hervorzuheben, die mit die schwierigsten Parts des Films übernommen haben. Einmal ist dies Leonardo DiCaprios großartige Verkörperung des Arnie. Er studierte das Verhalten psychisch gestörter Jugendlicher, ehe er sich in einer Anstalt mit ihnen traf. DiCaprio:

»Es war eine der härtesten Rollen, die ich je gespielt habe ... Die Leute haben die Vorstellung, daß geistig zurückgebliebene Kinder wirklich verrückt sind, aber das ist nicht so. Es ist erfrischend, ihnen zuzusehen, denn alles ist neu für sie. Sie

Die verheiratete Mrs. Carver (Mary Steenburgen) nutzt Gilberts Lebensmittellieferungen zu Liebesdiensten

sind total spontan ... Arnie zu spielen machte Spaß, denn alles, was ich tat, machte ich spontan.«

Die zweite Rolle war die der Mama. Auf Darlene Cates wurde das Filmteam durch eine TV-Show aufmerksam, in der übergewichtige Frauen zu Wort kamen, die seit Jahren ihr Haus nicht verlassen hatten. Anders als die Mama im Film kam Darlene Cates, die keine professionelle Schauspielerin ist, jedoch mit ihrem Leben zurecht.

»Vorsichtig balanciert Hallström seine aktionsarme Geschichte zwischen psychologischem Drama und parabelhaftem Märchen, hält ein menschenfreundliches Plädoyer für die Integration auch ungewöhnlicher Menschen ins Gemeinwesen, ohne moralisch zu werden.« (*Süddeutsche Zeitung,* 30.4.1994)

Eines Tages taucht die geheimnisvolle Becky (Juliette Lewis) in Endora auf

»Das Leben in dem trostlosen amerikanischen Provinznest Endora ist für den jungen Gilbert Grape (Teenager-Idol Johnny Depp in einer exzellenten, anrührenden Charakterstudie) wie ›Tanzen ohne Musik‹ ... Ein unprätentiöser, künstlerischer Film, der Mut macht und Lebensfreude.« (*Abendzeitung,* München, 28.4.1994)

»Später einmal, viel später, wird man deshalb sagen, daß in diesem sehr besonderen Film das Anti-Star-Paar schlechthin sich gefunden hat: Juliette Lewis und Johnny Depp.« (*Der Spiegel,* 2.5.1994)

»Juliette Lewis ... verfügt über eine Natürlichkeit und Beweglichkeit, die mit dem melancholisch-träumerischen Johnny Depp, wie man ihn aus *Arizona Dream* kennt, wundervoll harmoniert; mit seiner Schüchternheit und Unartikuliertheit, die auf ihren leicht angerauhten Charme, ihre Unbefangenheit treffen und sie zum Mädchen machen, in das sich einer wie Gilbert verlieben muß.« (*Frankfurter Rundschau,* 29.4.1994)

»Insgeheim hat sich alles verwandelt. Arnie erlebt einen Tag im Gefängnis, Mama traut sich auf die Straße, Becky will weiterfahren. Nur Gilbert ist immer noch Gilbert, weshalb ihn Johnny Depp mit vollendetem Gleichmut spielt.« (*Die Zeit,* 6.5.1994)

Liebe und Tod

Im Juni 1993 erklärte Johnny Depp öffentlich das Ende seiner Liebesbeziehung mit Winona Ryder: »Wir trennten uns vor einem Monat ... Ich möchte nicht sagen, daß unsere Trennung eine verheerende Erfahrung für jeden von uns war. Wir sind immer noch Freunde. Wir reden miteinander. Und alles ist gut, freundschaftlich, nett.«

Was immer Johnny Depp offiziell verkündete, in ihm drinnen sah es ganz anders aus. Diese Trennung war eine böse Erfahrung für ihn. In späteren Interviews gestand er: »Es kam eine wirklich einsame Zeit auf mich zu. Ich vergiftete mich permanent: Ich trank, aß nicht richtig, konnte nicht schlafen, rauchte zuviel Zigaretten ... Ich fühlte mich verloren, war ziemlich durcheinander.«

Die sensationsgierigen Reporter der Yellow Press hatten das Ihrige dazu beigetragen, diese Love-Affäre zu ruinieren. Sie hatten Johnnys Leben in ein grelles Licht getaucht, ein Höllenfeuer, dem die Beziehung zu Winona nicht standhielt. Wenn sie keine neuen pikanten Details über das Liebesleben des Paars herausfinden konnten, erfanden sie welche.

Beide Stars erlebten in dieser Zeit einen steilen Aufstieg ihrer beruflichen Karrieren, sie drehten mehrere Filme, waren oft getrennt, mußten schmutzige Geschichten über sich in der Presse lesen, über ihre angeblichen Kräche und ihre Affären mit den jeweiligen Filmpartnern.

Winona: »Die Reporter summten wie ein Moskitoschwarm

um mich herum, jederzeit bereit, zuzustechen ... Ich hatte keine eigene Identität mehr.« Nach der Trennung stürzte Winona Ryder sich in Arbeit, drehte einen Film nach dem anderen, *Zeit der Unschuld* und *Das Geisterhaus.* Am Ende lieferte sie einen simplen Grund für das Scheitern ihrer Beziehung: »Ich war einfach sehr jung. Ich weiß nicht, was seine Erklärung ist, aber das ist meine.«

Inzwischen hat sich Winona Ryder in den Sänger David Pirner von der Rockgruppe »Soul Asylum« verliebt.

Johnny Depp konnte das Ende der Beziehung nur schwer verwinden. Es war ein Schock für ihn, nach einer so lange andauernden Beziehung plötzlich wieder allein zu sein: »Es ist schwierig, unbemerkt ein Privatleben zu führen in Hollywood. In meiner Beziehung zu Winona war es ein Fehler, der Presse gegenüber allzu offen zu sein. Ich dachte, irgendwann wäre das sensationsgeile Monster satt. Statt dessen wurde es immer gieriger.«

Auf seine Tätowierung angesprochen, sagte er: »Wir waren drei Jahre zusammen, und in der Zeit glaubte ich wirklich, daß es für immer wäre.« Immerhin lernte Johnny aus dieser Erfahrung; bei seiner nächsten Liebesbeziehung pflegte er einen distanzierteren Umgang mit den Medien.

Der Tod von River Phoenix brachte Johnny dann wieder in die Schlagzeilen. Er war zwar nicht eng befreundet mit Phoenix, es bestanden aber ein paar auffallende Berührungspunkte mit ihm. Beide waren Jugendidole der neunziger Jahre und verachteten die »Brat Pack«-People der achtziger, die sich ohne eigenes Zutun oder schauspielerische Leistung nur durch die Protektion ihrer Väter nach Hollywood hatten einschleusen lassen. Ein Beispiel für viele: Charlie Sheen und Emilio Estevez – ihr Vater heißt Martin Sheen. Johnny Depp und River Phoenix suchten ihren eigenen Weg abseits des Mainstream-Kinos.

Johnny erwarb den *Viper Room* zusammen mit dem Rockstar Chuck E. Weiss und ließ ihn im Art-déco-Stil der zwanziger Jahre als Speakeasy-Lokal renovieren; dazu sollten Zigaret-

River Phoenix

ten-Girls die alte Hollywood-Atmosphäre wieder aufleben lassen. Der Preis für Getränke betrug schlichte fünf Dollar pro Drink, was zur Folge hatte, daß der im August 1993 eröffnete *Viper Room* sich schnell zu einem In-Treffpunkt mauserte. Außerdem konnte Johnny Depp dort auf einer kleinen Bühne jederzeit mit seinen Musikerfreunden ein paar Rocknummern spielen – eine Vorliebe, die ihn ebenfalls mit River Phoenix verband. Der kam am Abend des 30. Oktober 1993 mit Freunden in den Club, um Spaß zu haben und Musik zu machen. Dazu kam es aber nicht mehr. In seiner Begleitung befanden sich seine Freundin, die Schauspielerin Samantha Mathis, sein Bruder Leaf, seine Schwester Rain, und Flea (Michael Balzary), der Baßgittarist der »Red Hot Chili Peppers«.

Daß River Phoenix Drogen nahm, war eines der bestgehüteten Geheimnisse Hollywoods. Kurz nach Mitternacht schien es ihm plötzlich schlechtzugehen, man brachte ihn nach draußen. Sein Bruder Leaf rief sofort den Notdienst an, doch als der Rettungswagen kam, war es bereits zu spät. River Phoenix starb am Morgen des 31. Oktober 1993, am Halloween-Tag.

Johnny Depp befand sich an diesem Abend ebenfalls im Club. Er kommentierte den Vorfall später:»Es war ein wunderschönes Bild. Er kam herein, im einen Arm seine Freundin, im anderen die Gitarre. Er wollte spielen, dachte nicht daran zu sterben, kein Mensch denkt an so was ...«

Johnny betrachtete Rivers Abstieg in die Drogenszene als schrecklichen Irrtum, den er aber verstehen konnte. Schließlich war er einst selbst diesem Irrtum erlegen.»Er war ein großer Schauspieler und ein großartiger Mensch ... Er hatte die Zukunft noch vor sich ...«

Natürlich reagierte Johnny Depp allergisch, als die Yellow Press versuchte, ihm die Schuld am Tod von River Phoenix in die Schuhe zu schieben:»Zu behaupten, ich hätte einen Nightclub eröffnet, um den Leuten Drogenkonsum zu ermöglichen, ist Schwachsinn. Soll ich jeden filzen, den ich im

Verdacht habe, soll ich die Leute in den Waschräumen kontrollieren?«

Nach dem tragischen Tod von River Phoenix hielt Johnny den Club zwei Wochen geschlossen. Ihn in irgendeiner Weise für den Tod des Kollegen verantwortlich zu machen, erschien schon deshalb unlogisch, weil er selbst in Filmen aufgetreten war, um vor Drogenkonsum zu warnen.

»Ich wurde von der Presse angegriffen und in eine Lage gebracht, mich verteidigen zu müssen. Ich habe nichts Falsches getan. Ich habe selbst einen Anti-Drogen-Film gedreht, und ich hoffe, daß Kids daraus lernen, daß Drogen keine Fluchtmöglichkeit sind. Es gibt andere Möglichkeiten wie Bücher, Malen oder Schreiben.«

Im Mai 1994, einige Monate nach River Phoenix' Tod, kam es ans Tageslicht, daß es in Johnny Depps Leben eine neue Frau gab. Die beiden offenbarten ihre Verbindung in Los Angeles, als Johnny seinen achteinhalbminütigen Anti-Drogen-Film *Banter* vorstellte. Die neue Flamme hieß Kate Moss und war ein Model.

Tatsächlich hatten Johnny und Kate schon ein paar Dates hinter sich, aber ihre Verbindung bisher geheimgehalten. Das lag an Johnny Depps schlechten Erfahrungen mit der Presse; er befürchtete, daß die Revolver-Journaille auch seine neue Love-Affäre wieder zerstören könnte. Zuvor waren Johnny und Kate schon bei einem Johnny-Cash-Konzert in Manhattan beobachtet worden. Die beiden flogen auch zusammen nach Paris, wo Kate bei einer Modenschau über den Laufsteg trippelte.

Allerdings verhielt sich Kate Moss routinierter im Umgang mit der Yellow Press als Winona Ryder. Denn sie stand von Anfang an im Scheinwerferlicht und war es gewohnt, mit lästigen Reportern umzugehen. Kate Moss hatte einen rasanten Aufstieg hinter sich und gehörte neben Claudia Schiffer und Naomi Campbell schnell zur Garde der Supermodels.

Sie kam am 16. Januar 1974 in Addiscombe in der Grafschaft Surrey nicht weit von London zur Welt. Aus steuerlichen

Kate Moss und Johnny Depp (London, 23. Juni 1996)

Gründen nahm sie die französische Staatsbürgerschaft an und lebte in einem Appartement in Paris. Kate war in einem Londoner Vorort aufgewachsen und schon mit vierzehn Jahren als Model entdeckt worden.

1990 erschien sie erstmals als Cover-Girl auf dem Titelblatt des Magazins *The Face* und löste damit einen Schock in der Branche aus. Denn Kate Moss war ein neuer Twiggy-Typ, ihre dünne Figur und ihr niedriges Gewicht ließen die Modemacher befürchten, daß die ihr nacheifernden Teenies der Magersucht verfallen würden. Trotz all dieser Kontroversen setzte Kate sich durch, stieg das Interesse an ihrem exotischen Aussehen.

Den internationalen Durchbruch schaffte sie, als sie von italienischen Designern hofiert wurde und auch keine Probleme damit hatte, ihren fragilen Körper textilfrei in Werbekampagnen für Yves Saint Laurent und Calvin Klein zu präsentieren. 1993 schloß sie einen Vertrag über eine Million Dollar mit Calvin Klein ab.

Kate Moss war mit dem italienischen Fotografen Mario Sorrenti liiert, ehe sie Johnny Depp begegnete. Natürlich war ihre neue Liebesbeziehung zu dem amerikanischen Filmstar ein gefundenes Fressen für die Presse, besonders die britische Yellow Press tat sich dabei hervor, beobachtete jeden Schritt des neuen Paars.

Doch Johnny hatte im Umgang mit den Schmeißfliegen der Sensationspresse dazugelernt. Er und Kate gaben keinerlei Details ihres Intimlebens preis. »Ich spreche nicht darüber, und sie auch nicht«, erklärte er, »denn das geht niemanden etwas an. Wir leben in einer aufrührerischen Gesellschaft, und wenn die Leute wissen wollen, mit wem ich mich treffe, würde ich sagen, sie haben zuviel Zeit und sollten sich lieber mit anderen Dingen beschäftigen. Oder masturbieren.«

Der Altersunterschied zwischen Johnny und Kate war größer als der zwischen ihm und Winona, doch Kate war schon reif für ihr Alter, abgeklärt durch den frühen Beginn ihrer Modelkarriere.

Eine gemeinsame Leidenschaft der beiden ist ihre Vorliebe für Rummelplätze. Sie gehen gern in den Magic-Mountain-Park, einen Ort außerhalb von Los Angeles, um sich dort mit den verrücktesten Karussells zu vergnügen. Kate und Johnny suchen diesen Ort allerdings recht früh am Morgen auf, um nicht ständig von Autogrammjägern belästigt zu werden.

Der britischen *Daily Mail* erklärte Kate über ihre Wirbelwindaffäre mit Johnny: »Ich kann es nicht glauben. Es ist mit nichts zu vergleichen, was ich vorher jemals erlebt habe.« Natürlich wurde auch wie üblich öffentlich über eine Heirat spekuliert. Darauf reagierte Johnny Depp mit Ironie: »Kate als Ehefrau? Ich hätte nichts dagegen, aber man müßte es vorher besprechen.«

Johnny Depps Beziehung zu Kate Moss hält nun schon einige Jahre. Er hat damit zum erstenmal eine Freundin, die mindestens so bekannt ist wie er, wenn nicht berühmter, auf jeden Fall aber eine Menge Geld macht. 1995 erschien ein Bildband mit hundert Aufnahmen von ihr mit dem schlichten Titel »Kate«. Im Alter von einundzwanzig Jahren verdiente Kate Moss 2,2 Millionen Dollar pro Jahr.

Johnny Depp gab der *Süddeutschen Zeitung* in München am 30.6.1995 ein Interview. Auf die provozierende Frage »Wo müssen die Hände Ihrer Freundin Kate Moss sein, damit es Ihnen gutgeht?« antwortete er: »Ich mag es, wenn sie ihre Hand in meine legt. Die Sonne, eine Coke, eine Marlboro, zwei Liegestühle und dein Mädchen neben dir. Wissen Sie, ich mag diese einfachen Dinge.«

Ed Wood

Ein Film über eine historische Hollywood-Figur: Ed Wood, den unbegabtesten aller Regisseure, der posthum zur Kultfigur wurde.

Der Regisseur des Biopic hieß Tim Burton. Johnny Depp hatte mit ihm bereits *Edward mit den Scherenhänden* (1990) gedreht. Er erinnerte sich genau an Burtons Angebot: »Ich war daheim, als Tim mich anrief und mich um ein sofortiges Treffen bat. Er tat furchtbar geheimnisvoll. Als er mir dann von dem Projekt erzählte, war ich fasziniert von der Idee und habe sofort gesagt: ›Ja, laß uns das machen!‹ Ich kannte

Woods Filme schon und wußte, daß niemand seine Geschichte besser würde erzählen können als Tim. Tims Leidenschaft sprang voll auf mich über.«

Die Dreharbeiten zu *Ed Wood* begannen am 5. August 1993, die letzte Klappe fiel am 17. November 1993. Johnny Depp trägt in diesem Film ein feines Oberlippenbärtchen und einen schäbigen dunklen Anzug. Mit Krawatte und zurückgekämmtem Haar sieht er tatsächlich aus wie eine Figur aus einer an-

Johnny Depp als Ed Wood, der als »schlechtester Hollywood-Regisseur aller Zeiten« in die Filmgeschichte einging

deren Zeit – ein erfolgloser Filmregisseur der fünfziger Jahre. Doch auch wenn ihm Talentlosigkeit nachgesagt wird, das Leuchten in seinen Augen spricht von einer nie erlahmenden Begeisterung für das Kino. Und wenn ihm danach ist, schlüpft er in helle Angorapullover. Denn in Ed Wood steckt die Neigung zum Transvestiten; seine Freundin wundert sich schon die ganze Zeit über, wer ihre Pullover immer so ausbeult.

Einer der Höhepunkte des Films ist eine hinreißende Stripeinlage von Johnny Depp; im engen Kleid und mit silbernem Büstenhalter legt er eine ausgelassene Travestienummer aufs Parkett. Dazu der Star: »Ich hatte überhaupt keine Angst davor, im Fummel vor der Kamera zu stehen. Ich betrachtete es als ein sehr interessantes Experiment, diese Frauenkleider zu tragen. Und ich muß sagen, ich habe jetzt einen wesentlich größeren Respekt vor Frauen – und Transvestiten. Ich glaube, Ed trug Frauenkleider, weil er die Frauen so sehr liebte und ihnen dadurch nahe sein wollte.«

Der Film ist eine Huldigung an Edward D. Wood jr., der in die Filmgeschichte eingegangen ist als der »schlechteste Regisseur der Welt«. Trotzdem sammelte sich um ihn eine Fangemeinde, die seine Filme in den Kultstatus hob, allerdings erst nach seinem Tod; Wood blieb sein Leben lang ein verkanntes Genie.

Der historische Ed Wood war eine tragische Versagerfigur. Ein Filmverrückter, der das Kino über alles liebte, und ein Mensch voller Widersprüche. Er kam am 10. Oktober 1924 in Poughkeepsie, New York, zur Welt. Edward junior entwickelt eine Leidenschaft für Baseball, Modellflugzeuge und die Kinoserie *Flash Gordon.* Zur Strafe wird er als Kind von seiner Mutter oft in Mädchenkleider gesteckt. Mit sieben Jahren sieht er seinen ersten Horrorfilm: *Dracula* mit Bela Lugosi.

Zu seinem elften Geburtstag schenkt ihm sein Vater eine Acht-Millimeter-Kamera, und von nun an bis zu seinem Tod verbringt Ed Wood jr. seine Zeit mit Filmen. Zu seinen ersten Aufnahmen gehören Bilder des Luftschiffs *Hindenburg* kurz vor seinem Absturz in New Jersey.

Mit dem Filmteam (im Film) bei der Arbeit

Ed Wood meldete sich im Zweiten Weltkrieg freiwillig zu den Marines, er kämpfte im Südpazifik und erhielt mehrere Auszeichnungen. Nach dem Krieg nahm er Schauspielunterricht und trat in einem Wanderzirkus auf. 1947 ging er als Komparse und Stuntman nach Hollywood.

Der gutaussehende junge Mann erinnerte mit seinem markanten Kinn an Errol Flynn. In Filmkreisen machte er sich rasch beliebt, und so konnte er schon 1948 seinen ersten Western, *Crossroads to Laredo,* drehen, der aber nie fertiggestellt wurde.

So wie er seine Filme mit wenig Aufwand fast aus dem Stegreif drehte, lebte er auch privat munter drauflos: Ed Wood gab sein Geld gern bei Partys und Trinkgelagen aus. Das Bühnenstück »The Casual Company«, in dem er seine Kriegserfahrungen verarbeitete, wurde wie die meisten seiner Filme ein Reinfall.

Schließlich lernte er 1953 den alternden Bela Lugosi kennen. Zwischen den beiden entwickelte sich eine freundschaftliche Beziehung. Mit Lugosi in der Hauptrolle drehte er 1953 *Glen or Glenda,* ein Transvestiten-Melodram mit autobiographischen Zügen.

Kurz vor dem Treffen zwischen Wood und Lugosi beginnt der Film von Tim Burton mit Johnny Depp in der Titelrolle. Er handelt nur von den wenigen Jahren der Freundschaft zwischen Ed Wood und Bela Lugosi. Den späteren endgültigen Niedergang des Regisseurs spart der Film aus. Burton drehte den Film in Schwarzweiß; dies würde die Atmosphäre der fünfziger Jahre besser wiedergeben als ein Farbfilm.

Die erste Einstellung: ein Gewitter. Blitze werfen geisterhafte Lichter und Schatten auf das nächtliche Hollywood. Aus einem Sarg erhebt sich ein weißhaariger Erzähler im eleganten Smoking, der High-Society-Hellseher Criswell, und hält mit beschwörender Stimme einen Monolog: »Nun laßt mich von einer Begebenheit berichten, so unerhört, daß einige von Ihnen das Bewußtsein verlieren könnten …« Damit führt er ein in die bizarre Filmwelt des Ed Wood, dessen verworrene Grusel- und Science-fiction-Abenteuer.

In einem kleinen Theater findet die Premiere des Stückes »The Casual Company« statt. Die Hauptrollen spielen der Autor Ed Wood und seine Freundin Dolores. Daß die Kritik das Stück verreißt, ändert nichts an Ed Woods Optimismus, auch wenn ihn gelegentlich Selbstzweifel befallen, die sich dann so äußern: »Orson Welles war sechsundzwanzig Jahre alt, als er *Citizen Kane* machte, und ich bin schon dreißig!« Doch Dolores beruhigt ihn, er werde es schon schaffen.

Ed Wood arbeitet nebenher als Requisiteur bei den Universal-Studios, und als er gerade eine Palme durch die Gegend trägt, bewundert er die echten Kamele und den Wüstensand, die bei einem Abbott-und-Costello-Film zum Einsatz kommen. Im Archiv zeigt man ihm die vielen Filmschnipsel, die andere Regisseure wegwerfen. »Daraus könnte ich einen ganzen Film machen«, sinniert Ed Wood. Doch zunächst muß er einen Job finden.

Da hört er von dem Produzenten George Weiss, der einen Streifen über den Transsexuellen Christine Jorgensen machen will. Ed Wood stürmt ins Büro von Weiss und empfiehlt sich als Regisseur: »Ich bin qualifiziert, weil ich mich selbst gern als Frau kleide!« Aber als Weiss wissen will, ob er denn Erfahrung als Regisseur vorweisen könne, muß Ed passen.

Dann begegnet er dem berühmten Horrorstar Bela Lugosi, der sich in einem Beerdigungsinstitut gerade einen Sarg anpassen läßt. Ed Wood bringt ihn mit seinem Wagen nach Hause und erfährt, daß Lugosi pleite und beim Film nicht mehr gefragt ist. Er hat schon lange keine Rolle mehr bekommen.

Ed Wood mit Freundin Dolores (Sarah Jessica Parker)

Die beiden freunden sich an und verbringen ganze Nächte damit, sich alte Horrorfilme reinzuziehen. Nun sieht Ed Wood plötzlich die Chance, bei Weiss doch noch zum Zug zu kommen. Er bietet ihm als Attraktion seines Films den berühmten Bela Lugosi an.

Die Rechnung geht auf. Der Billigproduzent bekommt einen Star für seinen Film und Bela Lugosi endlich wieder eine Rolle. In wenigen Tagen schreibt Ed Wood das Drehbuch, und ebenso schnell wird der Film, der nichts kosten darf, heruntergekurbelt.

Es ist die Geschichte zweier Männer; der eine läßt durch eine Operation eine Geschlechtsumwandlung an sich vornehmen, während der andere sich nicht traut, seiner Freundin von seinen geheimen Neigungen zu erzählen. Bela Lugosi sitzt als Seher »Spirit« zwischen Totenschädeln und Voodoo-Kram und kommentiert die Handlung mit Sprüchen wie: »Seht euch vor!« oder: »Zieh die Fäden!«.

Der Film heißt *Glen or Glenda* und wird, wie die meisten Ed-Wood-Filme, ein haarsträubender Mißerfolg. Die Studiobosse, denen Wood den Film vorführt, betrachten das Ganze als Witz für die »Versteckte Kamera«. George Weiss bekommt einen Wutanfall und feuert Ed Wood fristlos.

Bei einem Catcher-Schaukampf, den er mit Dolores und seinem alten Freund Bunny Breckinrigde besucht, lernt Wood den schwedischen Ringer Tor Johnson kennen, einen kahlköpfigen bulligen Burschen von der Breite eines Kleiderschranks. Ed Wood sieht ihn schon in seinem nächsten Film und bietet ihm sofort eine Rolle an. Der Film soll *Bride of the Atom* heißen, leider fehlt noch der Geldgeber.

In einer Bar trifft er die hübsche Loretta King, die Geld zu haben scheint. Ed Wood bietet ihr die Hauptrolle an, was Dolores sehr mißfällt. Nach wenigen Tagen sind die Dreharbeiten vorerst zu Ende, denn Loretta besitzt nur ein paar Hundert Dollar an Ersparnissen, und die sind aufgebraucht.

Nun sucht der Regisseur wieder nach Geldgebern und trifft auf die makabre TV-Moderatorin einer Horrorshow namens

Vampira, die ihn erst abblitzen läßt, aber dann doch zu seinem Team stößt.

Die verrückten Ereignisse überschlagen sich. Ein texanischer Fleischhändler wird als Sponsor gewonnen, nachts erhält Ed Wood einen Anruf von seinem Freund Lugosi, der nach jahrelanger Drogensucht körperlich und finanziell ruiniert ist. Als Ed Wood nach einer Premierenfeier im orientalischen Fummel seine Travestie-Shownummer abzieht, verläßt ihn seine Freundin Dolores nach einem heftigen Krach.

Zu den originellsten Szenen des Ed-Wood-Films *Bride of the Atom,* der dann unter dem Titel *Bride of the Monster* herauskommt, gehört der Kampf mit dem Oktopus. Das Team klaut aus einem Studio nachts einen künstlichen Oktopus. Als man dann im Dunkeln irgendwo an einem kleinen See drehen will, stellt sich heraus, daß der Requisiteur den Motor des Tinten-

Ed Woods großer Star war Bela Lugosi (Martin Landau)

Johnny Depp und Sarah Jessica Parker mit Regisseur Tim Burton in einer Drehpause von ›Ed Wood‹

fisches vergessen hat. So muß Bela Lugosi nachts im kalten Wasser seinen grotesken Kampf mit dem Oktopus improvisieren, indem er die Krakenarme selbst bewegt.

Nachdem ihn Dolores verlassen hat, lernt Ed Wood im Krankenhaus, wo Lugosi eine Entziehungskur macht, die reizende Kathy O'Hara kennen. Als er ihr auf dem Rummelplatz in der Geisterbahn gesteht, daß er gern Frauenkleider trägt, nimmt sie das gelassen auf. Ed und Kathy heiraten auch bald. Der Höhepunkt des Films sind die letzten Aufnahmen, die Ed von Bela Lugosi vor dessen Tod macht und die er in seinen berühmten Film *Grave Robbers from Outer Space* integriert. Alle Getreuen Ed Woods sind diesmal mit von der Partie, Vampira, Tor Johnson, Bunny Breckinridge, und sie müssen sich von den neuen Sponsoren taufen lassen – der Film wird

nämlich von der Baptistenkirche finanziert. Denen ist der un-
christliche Titel des Films ein Greuel, und so wird aus den
»Grabräubern aus dem All« ganz abstrakt *Plan 9 from Outer
Space.*

Ganz ohne Probleme gehen auch diesmal die Dreharbeiten
nicht ab. Die Baptisten stoßen sich nicht nur am Filmtitel, sie
wollen auch einen neuen Hauptdarsteller, und da platzt Ed
Wood der Kragen; er verläßt das Set und droht, alles hinzu-
schmeißen. Er geht in die nächste Bar und trifft dort – welch
ein Zufall – sein großes Idol Orson Welles. Mit ihm tauscht er
sich über die Borniertheit der Geldgeber aus, und Welles gibt
ihm einen wichtigen Rat mit auf den Weg: »Visionen sind es
wert, dafür zu kämpfen!«

Ed Wood beendet seinen Film, und bei der Premiere widmet
er das Werk seinem Freund Bela Lugosi. Zu sich selbst sagt er

Ed Wood mit Ehefrau Kathy (Patricia Arquette)

mit glänzenden Augen: »Ja, für diesen Film werden sie sich immer an mich erinnern!«

Nach der Vorstellung will Ed Wood mit seiner Frau im offenen Sportwagen wegfahren, doch es regnet in Strömen. Es werde schon wieder aufhören, wenn sie erst mal aus der Stadt heraus seien: »Ach, was sage ich, vermutlich hört es schon an der nächsten Ecke auf!«

Regisseur Tim Burton plante nach seinem Mammutwerk *Batman* (1989) einen »kleineren« Film; da kam ihm das Treatment der Drehbuchautoren Alexander und Karaszewski über Ed Wood gerade recht. Burton: »Jemand, der aus reiner Liebe zu seiner Arbeit das tut, wofür er sich wirklich berufen fühlt, so jemanden umgibt eine sehr schöne Aura!«

Tim Burton und seine Produzentin Denise Di Novi dachten bei der Besetzung des Titelhelden sofort an Johnny Depp. »Ed Wood sah ungewöhnlich gut aus und war äußerst liebenswürdig – so wie Johnny«, fand Denise Di Novi. »Aber was noch viel wichtiger war: Johnny scheut als Schauspieler keine Risiken und verleiht ungewöhnlichen Figuren die Tiefe und Würde, die sie verdienen.«

Für die Kostümdesignerin Colleen Atwood war es ein phantasievoller Job, Johnny Depp in einen Transvestiten zu verwandeln: »Wenn Ed Wood normal, also wie ein Mann angezogen ist, ist er ein grundsolider Typ – weißes Hemd, dunkle Hose, Schlips, Weste … In Frauenkleidern haben wir seine Hüften ausgepolstert, haben ihm eine Oberweite gegeben … Johnny sieht klasse aus als Frau! Als wir ihn das erstemal in Angora gesteckt hatten, sagten wir: ›Himmel, er sieht wirklich toll aus‹, obwohl die Sachen alles andere als maßgeschneidert waren.«

Johnny Depp sah das allerdings anders: »Nach dem ersten Blick in den Spiegel dachte ich, ich sei die häßlichste Frau, die mir je über den Weg gelaufen ist.«

Eine brillante darstellerische Leistung bot auch Martin Landau als Bela Lugosi. Er mußte jeden Tag zwei Stunden beim Maskenbildner Rick Baker stillsitzen: »Landau erhielt ein

Ed Wood liebte Angorapullover

künstliches Kinn, damit seine Oberlippe betont wurde, eine
Latexnase, eine Nachbildung der Oberlippenpartie, um seine
vollen Lippen zu schmälern, größere Ohren, eine Perücke
und buschigere Augenbrauen … Er sah absolut großartig aus:
alt und abgezehrt, ziemlich genau so wie Lugosi in seinen letzten Jahren.«
Die Presse nahm den Film überwiegend positiv auf. »Mit Tim
Burtons liebevoller Film-Biographie, in der Johnny Depp
großartig Ed Wood gibt, hat der Wood-Kult seinen Höhepunkt erreicht … Er war ein gutaussehender Typ mit Charisma, ein Frauenliebling wie aus einem Roman von Fitzgerald.
Und doch spielte er auch gern die anderen Rollen, die der
Mädchen. Er liebte Perücken, High Heels und vor allem
Angora-Pullover. In seinem legendären Transvestismus, der
ihn auch zum Idol der Sex-Outlaws machte, trifft sich Rebel-

lion und die pure Lust an Show und Glamour.« (*Süddeutsche Zeitung,* 27.6.1995)

»Johnny Depp spielt Ed Wood mit einer stets strahlenden Miene, die durch keine Enttäuschung zu verdüstern ist ... Sein rührend kindlicher Wahlspruch lautet: ›Mein nächster Film wird sicher besser.‹« (*Die Zeit,* 14.7.1995)

Don Juan de Marco

Seine Augen blitzen, das schwarze Haar glänzt. Er streift sich die langen schwarzen Handschuhe über, legt die Augenmaske an und betritt mit sicheren Schritten das Luxushotel, um ein letztes Mal eine Frau zu verführen, ehe er für immer abtritt: Johnny Depp als Don Juan, in offenstehendem weißem Seidenhemd und wehendem schwarzem Cape, ein eleganter Pirat der Liebe.

»Haben Sie noch nie eine Frau getroffen, die Sie zur Liebe inspirierte, bis Ihre Sinne voll davon waren? Sie atmen sie ein, schmecken sie. Man sieht seine ungeborenen Kinder in ihren Augen. Man ist zu Hause.«

Im großen Saal des Hotels gibt *the World's Greatest Lover* Don Juan eine kleine Demonstration seiner Verführungskunst, der Mann, der die Frauen liebt, als sei jede einzigartig, der sie streichelt, zum Klingen bringt wie eine Stradivari. Don Juan hat mehr als fünfzehnhundert Frauen geliebt. Doch nun ist Schluß damit; wegen einer einzigen, die ihn nicht erhörte, Doña Ana, will er nun seinem Leben ein Ende setzen.

Ein Mantel-und-Degen-Held auf dem Dach eines Kinos in New York, und unten die Leute, darauf wartend, daß er springt. Die Polizei holt den routinierten schwergewichtigen Psychiater Dr. Mickler (Marlon Brando), der mit einem Kran aufs Dach gehoben wird, um den »Verrückten« zur Vernunft zu bringen.

Don Juan will allerdings nur Don Francisco da Silva sehen, den besten aller Degenfechter, um sich mit ihm zu messen und durch seine Hand zu sterben. Mickler versteht es, dieses

Problem zu lösen. Da Don Francisco da Silva verreist sei, erklärt er dem Kostümierten, könne nur er, sein Onkel Don Octavio del Flores, ihn vertreten. Zuerst müßten sie aber das Dach verlassen. Don Juan ist einverstanden.

Johnny Depp als Don Juan De Marco

Bevor Dr. Mickler den schönen Selbstmordkandidaten in die psychiatrische Klinik bringt, vertraut dieser ihm das Motiv für seinen Todeswunsch an: seine unglückliche Liebe zu Doña Ana. Im Hospital wird »Don Juan« zum Patienten: einundzwanzig, männlich, Suizidversuch, ausgelöst durch das Ende einer Beziehung. Keine Informationen über frühere Einweisungen, Schule, Vorstrafen, Elternhaus.

Doch »Don Juan« legt auch im Hospital seine Rolle nicht ab. Mit samttraurigem Blick versetzt er die Schwestern in einen libidinösen Schwebezustand, und selbst der Psychiater bleibt von der Glut seiner Leidenschaft und seiner überschäumenden Phantasie nicht unbeeindruckt.

So beginnt der Film *Don Juan de Marco* (1995), eine moderne Variation über Don Juan de Tenorio, der sich im Spanien des 14. Jahrhunderts im Dienste eines kastilischen Königs einen Adeltstitel erwarb und seither als Mythos durch die Weltliteratur geistert. Der Psychologe, Lehrer, Romancier und Fernsehregisseur Jeremy Leven wollte schon immer einen Film über Frauen, Liebe, Romantik und Sex drehen. Da fiel ihm Lord Byrons »Don Juan« in die Hände: »Byrons Buch ist ein dicker Wälzer, mit einer Menge politischer Anspielungen, aber einigen absolut hinreißenden Szenen. Ich habe diese Szenen frei bearbeitet und dann in ein Drehbuch mit einer völlig anderen Story eingearbeitet.«

So variierte er den Stoff auf raffinierte Weise, indem er die Figur des Psychiaters Dr. Mickler einfügte, der zwischen Phantasie und Realität vermittelt und die Story als ironisch-romantisches Liebesabenteuer in unsere nüchterne Gegenwart transponiert.

Leven hatte keine bestimmten Schauspieler bei der Abfassung des Drehbuchs im Sinn. Doch als er hörte, daß Johnny Depp sich dafür interessierte, war er hocherfreut. Allerdings stellte Johnny eine Bedingung: daß Marlon Brando die Rolle des Psychiaters übernahm. Denn Johnny Depp besaß inzwischen genügend Starpotential und Power, um auf die Besetzungsliste Einfluß zu nehmen. Leven: »Ich dachte, damit geht

*›Don Octavio del Flores‹ (Marlon Brando) rettet den lebensmüden
Helden mit der Zorromaske (Johnny Depp)*

das Projekt den Bach runter.« Ging es aber nicht, Brando las
das Drehbuch und sagte sofort zu.

Zählt man all seine bisherigen Filme zusammen, so war Don
Juan jene Rolle, die auf Johnny Depp eines Tages folgerichtig
zukommen mußte. Bei seinem blendenden Aussehen und der
erotischen Ausstrahlung eines Latin Lover war er wie ge-
schaffen für die Darstellung des berühmten Verführers. Und
es wäre glatte Schaumschlägerei zu leugnen, daß Johnny
Depp sich seiner magischen Anziehungskraft auf Frauen inzwischen bewußt war, im Leben und auf der Leinwand. Deshalb ergriff er die Chance, jene Rolle zu übernehmen, die für
ihn längst in der Luft lag, und er hatte seinen Spaß dabei.

Psychiater Dr. Mickler (Marlon Brando) im Gespräch mit Don Juan (Johnny Depp)

Marlon Brando war seit jeher Johnny Depps Vorbild, und daß es ihm gelang, ihn für seinen Film zu gewinnen, verdoppelte das Vergnügen. Glücklicherweise hieß einer der Produzenten Francis Ford Coppola, der selbst zwei Filme *(Der Pate, Apocalypse Now)* mit Marlon Brando gedreht hatte und ihn deshalb zu überzeugen vermochte, in dem Don-Juan-Film mitzuwirken.

Schließlich holte Johnny noch Faye Dunaway dazu, mit der er bereits in *Arizona Dream* erfolgreich zusammengearbeitet hatte. Faye Dunaway: »Marlon Brando ist ein Mythos für jeden Schauspieler der Welt. Und Johnny ist so etwas wie ein schauspielerischer Erbe von Marlon.«

Der Film arbeitet mit sanften Weichzeichnertönen, wenn er die angeblich exotische Jugend des Helden im sonnendurchglühten Mexiko nacherzählt. Die Kamerabewegungen folgen seinem ersten Liebesabenteuer mit der schönen Erzieherin Doña Julia, sie fangen das grausame Duell seines Vaters mit einem Nebenbuhler ein, das böse endet. Doch auch Don Juan versteht die Kunst des Degenfechtens und rächt den Tod seines Vaters augenblicklich.

Alle Frauen, die ihm begegnen, sind von Don Juan verzaubert, denn er liebt jede so, als sei sie einzigartig. Das erfährt er bereits als kleiner Junge: Während andere Buben mit einem Autoreifen spielen, stehen bei ihm die Mädchen Schlange, um geküßt zu werden.

Das besondere Vergnügen an diesem Film liegt in dem doppelten Boden der Story. Es wird schnell deutlich, daß »Don Juan« ein Spinner und Selbstmordkandidat ist und Doktor Mickler nicht Don Francisco da Silva, sondern ein Seelen-

Don Juan mit seiner großen Liebe Doña Ana (Geraldine Pailhas)

klempner, der seinen Patienten eigentlich mit Sedativa voll-
pumpen müßte, sich aber weigert, weil ihm die schöne Illusion
der Don-Juan-Welt angenehmer und aufregender erscheint
als der schnöde Tabletten-Klinik-Alltag.

Denn Johnny Depp verkörpert »Don Juan« mit solcher
Leichtigkeit und Eleganz, daß er auch Micklers Liebesleben
verwandelt und neu entflammt und der Doktor wieder ein lebendiges Verhältnis zu seiner Lebensgefährtin und Ehefrau
Marilyn (Faye Dunaway) entwickelt. So bewegen sich die
»Liebesabenteuer« immer auf einer realen und gleichzeitig
phantastischen Ebene, und diese ironische Balance hält der
Film bis zuletzt durch, sie macht den speziellen Reiz der Geschichte aus.

Don Juan zu seinem Psychiater: »Es gibt nur vier Fragen von
Wert im Leben, Don Octavio: Was ist heilig? Woraus besteht
der Geist? Wofür lohnt es sich zu leben? Wofür lohnt es sich
zu sterben?« Dr. Mickler wartet gespannt auf die Erklärung,
die Don Juan selbst gibt: »Die Antwort ist stets dieselbe: nur
die Liebe.«

Der Titelsong des Films ist gleichzeitig sein Programm: »Have
You Ever *Really* Loved a Woman?« Die Betonung liegt dabei
auf »wirklich«.

Johnny Depp ist eigentlich kein Verführer, sondern ein Bewunderer der Frauen. Er liebt die Idee der Weiblichkeit, verleiht seiner Figur in jeder Szene ernsthafte Züge, er ist ganz
durchdrungen von sich und seiner Wirkung. Das Originelle
seiner Interpretation liegt in der Idee des naiven Don Juan,
der an »unheilbarem Romantizismus leidet«, wie Dr. Mickler
alias Don Octavio del Flores am Ende prognostiziert.

Der Doktor, der anfangs in sein Diktiergerät den Befund
über seinen Patienten so skizziert: »Hoffnungsloser Fall, der
unter obsessiv-pathologischen Störungen mit erotomani-
schen Zügen« leidet, ist bald von Don Juans Wirkung, dem
Zauber seiner vollkommenen, wenn auch erfundenen Welt,
so fasziniert, daß er seine Meinung radikal ändert.

Dr. Mickler hat nur zehn Tage Zeit, um den Jungen von sei-

Der größte Liebhaber der Welt

nen »Wahnvorstellungen« zu heilen, und als die letzte entscheidende Sitzung ansteht, sagt er zu ihm: »*Ich* glaube, daß
Sie Don Juan sind. Nur ein paar andere da draußen nicht.«
So ist es letztlich nebensächlich, daß »Don Juan« eigentlich
ein armer Junge aus Phoenix, Arizona, ist, John Arnold
DeMarco heißt und nach dem Unfalltod seines Vaters bei
seiner Oma im New Yorker Stadtteil Queens lebt. Und daß er
sich vergeblich in die Hochglanzschönheit eines Magazins
verliebt hatte und deshalb einen Selbstmordversuch unter-
nahm, um endlich im Leben beachtet zu werden.
Für John DeMarco ist seine Don-Juan-Phantasie die wirkliche Welt, sie ist glanzvoll, strahlend, überwältigend und allemal schöner als unsere reale, graue, gewöhnliche Welt.

Don Juan mit seiner Mutter Doña Inez (Rachel Ticotin)

Der Film wäre nur die Hälfte wert, hätte Johnny Depp nicht so brillante Darsteller wie Marlon Brando und Faye Dunaway an seiner Seite, die seiner unwahrscheinlichen Story Leben einhauchen, ihr den richtigen Rahmen verleihen.

Marlon Brando spielt die Rolle des väterlichen Arztes mit zurückhaltendem Charme und Witz. Er macht sich einen Spaß daraus, den eigenen Mythos zu karikieren, indem er, mit seiner Frau Marilyn im Bett liegend, übermütig aus einem Blasrohr Popcorn ins Schlafzimmer jagt, ehe er das Licht löscht.

Johnny Depp über Brando: »Ich traf ihn, und all die Mythen und Geschichten, die wie ein Kokon um ihn herum gesponnen worden waren, fielen ab. Übrig blieb einfach nur Marlon, der Mensch. Und der ist beeindruckend genug ohne das ganze Getue, das um seine Person gemacht wird.«

Auch Faye Dunaway spielte die Gattin des Psychiaters mit hinreißender Bravour. Einer Frau, die nach dreißigjähriger Ehe von ihrem Mann neu »entdeckt« und umschwärmt wird, gibt sie ironisch-intelligente Züge.

Johnny Depp gab in Interviews zu, daß er mit Regisseur und Drehbuchautor Jeremy Leven Probleme bekam. Denn der Film transportiert natürlich auch psychoanalytische Theorien und Heilslehren, und davon wollte Johnny Depp überhaupt nichts wissen. »Ich habe keine Lust, von meinem Regisseur therapiert zu werden. Außerdem kenne ich mich aus mit Psychologie, und wenn Leven dann mit seinen Psychotricks ankam, hatte ich schon eine geistige Mauer um mich gebaut.«

Leven hätte sich gegen jede Änderung im Drehbuch gesträubt. »Manchmal sehen Dinge auf dem Papier viel besser aus, als sie sich anhören«, sagte Johnny Depp und fügte hinzu: »Leven ist ein sturer Bock, und ich bin ein sturer Bock. Wir mußten uns erst mal die Schädel einschlagen, bevor wir zu einer Lösung kamen, mit der beide zufrieden waren.«

Und Jeremy Leven war wohl mit seinem Film zufrieden: »Don Juan ist ein Film über einen Neuanfang, über Humanität und – was mir am wichtigsten war – wie man lebendig bleibt im Leben.«

Die Presse nahm *Don Juan de Marco* – von wenigen Ausnahmen abgesehen – positiv auf. Johnny Depp hatte das Wagnis auf sich genommen, sich mit der größten lebenden Kinolegende zu messen, und er schnitt dabei nicht schlecht ab, auch wenn Marlon Brando für manchen Kritiker der wahre Held des Films zu sein schien.

»Zwei Kultstars und ein Sieger: Johnny Depp und Marlon Brando. Er ist ein Berg, der versetzen kann«, schrieb Christa Maerker in der *Frankfurter Rundschau* am 10.8.1995, und danach folgte eine Eloge auf Brando, der für sie noch immer der Welt größter Star ist (nach Stanley Kowalski, dem Paten, dem tangotanzenden Amerikaner in Paris), während sie für Johnny Depp nur Nebensätze übrig hat: »Wenn Johnny Depp als Haremsdame auftritt, sieht er aus wie Claudia Cardinale ...«

Willi Winkler schrieb in der *Zeit* vom 14.7.1995: »Johnny Depp, der sich in den meisten seiner bisherigen Filme als sprechendes Holz hervortat, blüht auf als größter Liebhaber der Welt, auch wenn er sich damit selber verspottet. Für den gegenwärtig größten Mädchenschwarm aller Zeiten eine ziemliche Leistung.«

Ralph Umard in *tip* (17/95): »Als Titelheld dieser bezaubernden Komödie hat der auf exzentrische Figuren spezialisierte Hollywood-Jungstar Johnny Depp Gelegenheit, sein darstellerisches Talent voll zu entfalten. Ihm gelingt das Kunststück, eine an sich komische Gestalt nicht der Lächerlichkeit preiszugeben, er wirkt als sympathischer Spinner so überzeugend, daß man ihn ernst nimmt. Es ist vor allem Johnny Depp, der diesen Film durch sein lebendiges Spiel, seine verführerischen Worte und kraft seiner intensiven Ausstrahlung trägt.«

Dead Man

Johnny Depp leistete sich den Luxus, eine Reihe von Filmangeboten auszuschlagen, während er darauf wartete, mit Tim Burton *Ed Wood* zu drehen; unter anderem waren das so erfolgreiche Parts wie Lestat in *Interview mit einem Vampir* (1994), was dann eine dankbare Rolle für Tom Cruise wurde, oder die Hauptrolle in *Speed* (1993), mit der Kollege Keanu Reeves an der Seite von Sandra Bullock eine gute Figur machen konnte.

Ähnliches ereignete sich, als er auf den Startschuß zu *Dead Man* (1995) von Jim Jarmusch wartete; wieder lehnte er sieben lukrative Rollen ab. Dazu seine Agentin Tracy Jacobs: »Er fühlte sich bei Jarmusch in der Pflicht, nachdem er zuge-

Johnny Depp als ›Dead Man‹ William Blake

sagt hatte, und wartete sechs Monate ...« Sie erklärte aber auch, daß ihr Klient auf Dauer nicht Superangebote des erfolgreichen Mainstream-Kinos ablehnen könne. Andererseits sei sie nicht enttäuscht, daß Johnny seinem Stil treu bleibe. »Wünsche ich mir etwa, daß er in einem Film auftritt, der hundert Millionen Dollar einspielt? Natürlich tue ich das, ich bin ja nicht bescheuert. Er selbst möchte auch in einem erfolgreichen Film mitspielen. Es muß nur der richtige Film zur rechten Zeit sein. Ich hoffe nur, daß er bereit ist, wenn es soweit ist.«

Die Schauplätze für *Dead Man* fand Jarmusch in Sedona, Arizona, und in Virginia City, Nevada. Die Dreharbeiten wurden durch windiges Wetter und extreme Trockenheit erschwert. Es staubte so sehr, daß man weder die Kamera noch den Partner sehen konnte. Johnny Depp: »Man stand irgendwie im Nebel herum.« Doch mit einem Autorenfilmer wie Jim Jarmusch fand der Star diese Situation passabel, ließ sie ihm doch Spielraum für eigene Interpretationen der Rolle des William Blake.

»Es empfiehlt sich, nie mit einem toten Mann zu reisen«, lautet das von Henri Michaux entliehene Motto des Films. *Dead Man* ist ein mystischer Western. Er schildert den Weg eines jungen Mannes in eine ihm gänzlich fremde Welt, im realen wie im spirituellen Sinn. Und es ist eine Reise in den Tod. Johnny Depp in der Rolle des »Dead Man« William Blake erlebt diese alptraumartige Reise wie in Watte gepackt als Trip – mit vor Staunen weitgeöffneten Augen.

Regisseur Jim Jarmusch: »Der Tod ist auf der einen Seite das größte Geheimnis unseres Lebens, auf der anderen die wirklich einzige Gewißheit.«

Natürlich konnte man von Jarmusch nicht erwarten, daß er einen üblichen Western dreht. Sein Film geht auch über die beliebte Entmythologisierung des Western weit hinaus. Er handelt von der Weisheit, den Ritualen und der Überlieferung der indianischen Kultur.

In diesem »existentialistischen« Outsider-Film sind auch die bekannten Wildwestrituale enthalten: Revolverduelle, heimtückische Schüsse in den Rücken, Kopfgeldjäger, Rache, Flucht und Verfolgung, aber alles bis zur Karikatur verzerrt und verfremdet.

Der Film beginnt mit der Reise in den *Far West.* In der Eisenbahn, einer Art Mystery Train, sitzt ein stutzerhafter Mensch mit Nickelbrille auf der Nase. Er trägt einen Hut, eine Fliege, ein weißes Hemd und einen karierten Anzug mit Weste aus feinem Tuch. Es ist der Buchhalter William Blake aus Cleveland.

Über seinem Kopf baumelt heftig die Lampe, und vor dem Fenster wechseln in rascher Folge die Bilder: wüstenartige Landschaften, bizarre Felsformationen, verbrannte Indianerzelte, Büffelherden. Die Insassen des Zuges, zuerst harmlose Reisende, verwandeln sich im Verlauf der Reise in knorrige, verwegen aussehende Trapper, Westerner, Mördervisagen.

William Blake duckt sich in seinen Sitz, versteckt sich hinter seiner Aktentasche. Dann kommt einer herein und fragt ihn, wo er hinwill. Nach Machine, antwortet Blake. Ein dreckiges, verrottetes Westernnest, wie er bald feststellen wird. Dort endet die Bahnlinie und auch die zivilisierte Welt. Blake will hier einen Job als Buchhalter antreten.

Das Metallwerk in Machine entpuppt sich als vorsintflutliche Fabrik aus der Frühzeit des Kapitalismus. Die Buchhalter lachen höhnisch, als Blake erscheint, sein Job ist längst an einen

Der Fabrikbesitzer Dickenson (Robert Mitchum) jagt William Blake aus seinem Werk

Die Romanze mit dem Blumenmädchen Thel (Mili Avital)

anderen vergeben. Der Firmeninhaber John Dickinson (von Robert Mitchum lustvoll bösartig gespielt) befördert Blake, von einem ausgestopften Grizzlybären in seinem Büro flankiert, mit dem Gewehr in der Hand eigenhändig hinaus.

Blake leistet sich von seinem letzten Dollar ein Bier und trifft die hübsche Blumenverkäuferin Thel (Mili Avital), die vor seinen Augen aus der Bar in den Straßendreck geworfen wird. Er begleitet sie nach Hause, nächtigt bei ihr – doch die Romanze ist nur von kurzer Dauer.

Plötzlich erscheint Thels Freund Charlie (Gabriel Byrne), und als er schon gehen will, macht sie eine dumme Bemerkung; da erschießt er sie im Bett. Blake greift sich den Revolver des Mädchens und schießt zurück, die dritte Kugel trifft Charlie in den Hals. Dummerweise ging Charlies Kugel durch

Thel hindurch und blieb in Blakes Brust stecken – blutend stürzt er zwischen Papierblumen aus dem Fenster auf die Straße.

Er kann auf einem Pferd fliehen, und als er irgendwo in der Wildnis wieder zu sich kommt, blickt er in das Gesicht des Indianers Xebeche (Gary Farmer), der sich von Weißen lieber »Nobody« nennen läßt. Der Indianer versucht, die Kugel mit einem Messer aus Blakes Brust herauszuschneiden – wie man das aus alten Western kennt –, und Blake stöhnt vor Schmerzen. Doch Nobody muß aufgeben. »Das dumme Metall des weißen Mannes« sitzt zu nahe am Herzen, Blake könnte bei der Operation getötet werden.

Nun beginnt Blakes Odyssee durch den finsteren Westen an der Seite eines Indianers. Nobody wurde als Kind von weißen Soldaten geraubt und über das große Wasser nach England entführt. Dort lernte er die Verse des Dichters William Blake und glaubt jetzt, diesen »toten Mann« vor sich zu haben.

Blake mit seinem indianischen Freund Nobody (Gary Farmer)

Denn daß in der Welt der Weißen zwei Männer denselben Namen tragen, ist ihm fremd.

Der rüde Fabrikbesitzer Dickinson setzt drei Kopfgeldjäger auf Blake an, denn Charlie war sein Sohn. Nun ist Blake doppelt bedroht, von der Kugel in seiner Brust und den drei tumben Mordbuben, kauzig-skurrilen Parodien auf die Killer im Wilden Westen. Doch Blake hat einen Freund, der ihn durch alle Fährnisse begleitet. Nobody ist eine dicke, gemütliche Rothaut, witzig und weise; er konterkariert die »weißen Wilden«, bedient nicht das Klischee des grell bemalten, schrecklichen Wilden.

Blake und Nobody reiten durch unwirtliche Gegenden voller Geröll, durch urwaldartige Wälder, düstere Lichtungen, bucklige steinige Prärien, die nirgendwo hinführen und in nichts an die strahlende Weite der Landschaften, etwa das Monument Valley, des herkömmlichen Western erinnern. Sie trennen sich und treffen sich wieder, es kommt zu unerwarteten Begegnungen.

»Deine Poesie ist verstummt«, sagt der Indianer zu Blake, »jetzt werden die Kugeln deine Verse sein.« *Every night and every morn, Some to misery are born. Every morn' and every night, Some are born to sweet delight.*

Dead Man Blake ist nicht für die »süße Wonne« des Dichters geboren. Das Greenhorn hat in einem Drecksloch namens Machine aus Versehen einen Mann erschossen, und nun erschießt er weiter finstere Figuren, um zu überleben; mehr als ein Dutzend Männer schickt er in die ewigen Jagdgründe, denn überall hängt sein Steckbrief, und die Profikiller sind hinter ihm her.

Reiten im Western bedeutet für den Helden einen Ritt in die Freiheit oder einfach von A nach B, bei Jarmusch ist es ein Ritt in den Tod. Blake erfährt von seinem Freund die Riten der indianischen Kultur, er sieht die Totempfähle der Roten, ihre theatralischen Bauten und ihre Kultstätten.

Der Film endet, wie noch nie ein Western endete; der »Anti-Held« findet keine neue Heimat, sondern Erlösung in der un-

Der steckbrieflich gesuchte Blake wird von einem Drugstore-Besitzer erkannt

endlichen Weite des Ozeans, in dem Himmel und Wasser ineinander verschmelzen. Der Erzählrhythmus des Films wird durch schwarze Zwischenblenden betont, die die Story episodenhaft strukturieren. Rockmusiker Neil Young erzeugt mit traumhaften Improvisationen auf seiner elektrischen Gitarre eine narkotisierende Untergangsstimmung.

Jim Jarmusch gilt als der exponierteste Außenseiter des amerikanischen Kinos, die Nummer eins der Independents. In seinen punkigen Storys tummelt sich ein ausgeflipptes Personal. Er hatte bereits mit seinem zweiten Spielfilm, *Stranger than Paradise* (1984), die ärmliche Kehrseite der USA im Stil einer kargen Hemingway-Short-Story visualisiert; der originäre Schwarzweißfilm mit den lakonischen Dialogen seiner drei ausdrucksstarken Hauptfiguren brachte ihm eine Kultgemeinde ein, die mit jedem folgenden Film – *Down by Law* (1986), *Mystery Train* (1989), *Night on Earth* (1992) – anwuchs.

Mit *Dead Man* verließ Jarmusch sein angestammtes Terrain, die Welt der Städte, des »Global Village«. Bei seinem Ausflug ins weite Land geriet er erstmals in die Kritik, enthusiastischen Elogen standen distanzierte Stimmen gegenüber, die den Film für mißlungen hielten. Möglicherweise hatte der Regisseur, der bei allen seinen Filmen auch Drehbuch und Casting selbst besorgte, sich in diesem Fall einfach zuviel vorgenommen.

Jarmusch über seinen Film: »Wenn du einen Film über die Vergangenheit Amerikas machst, mit einer Hauptfigur, die das Gesetz gebrochen hat, dann geht das vermutlich nicht ohne Gewalt. Aber ganz Amerika ist auf Gewalt, Gewehre und Genozid gebaut … Für William Blake bedeutet die Reise in dem Film eine Art Wiederbelebung. Er wird mit der nichtwestlichen Sichtweise Nobodys konfrontiert, in der das spirituelle Leben wichtiger ist als die körperliche Existenz … No-

Im Wilden Westen: ›Dead Man‹

body verkörpert das Wissen um die indianische Kultur als eine Art kollektives Unbewußtes ...«

Jarmusch über seinen Hauptdarsteller: »Er ist ... eine Art weißes Blatt Papier. Und er kann perfekt in diese Welt einsteigen. Johnny stellt sich komplett auf den Charakter ein und nimmt nahezu unbemerkt alle Veränderungen in sich auf – als würde er sich durch seine Erfahrungen wie auf einer unsichtbaren Landkarte bewegen. Er wird zum Outlaw, ohne daß man es ihm ansieht. Nichts ist theatralisch übersteigert, anders als in jedem Western agiert Johnny nicht als Motor, der die Dinge vorantreibt, er schaut eher zu und läßt sich auf das Geschehen langsam ein.«

Der Zeitschrift *Cinema* mißfiel an Jim Jarmusch: »Mit seinem sechsten Spielfilm zertrümmert er nicht nur jedwede Erwartungshaltung, indem er einen Western dreht, der sich in Mythenbildern, Zeigen von Gewalt und abstrusem Philosophieren gefällt. Sondern er tut dies auch mit der erklärten Absicht, die Zuschauer zu verwirren und zu entgeistern.«

»Als der Wilde Westen noch wirklich wild war, so um das Jahr 1870 herum, mußte der brave Buchhalter William Blake (Johnny Depp in einem neuen schauspielerischen Bravourakt) grausame und grotesk-komische Abenteuer bestehen, bevor er von dieser schnöden Welt Abschied nehmen konnte.« (*Abendzeitung,* München, 4.1.1996)

»Ein Western in Zeitlupe: Selbst die Menschen schweben beim Showdown mehr zur Erde, als daß sie fallen.« (*taz,* 4.1.1996)

»Kurz nach seiner Ankunft in dem Industrieort Machine erkennt Blake (Johnny Depp), der wie eine Figur aus Kafkas Werken durch diese Stadt aus Lärm, Ruß und Verwesung taumelt, daß der äußerste Westen vielleicht sein Babylon, aber nie sein Eden werden kann ... Mit großer Sensibilität führt Jim Jarmusch seinen Western bis an das offene Meer – dorthin, wo der Wilde Westen endete und das Genre seine Berechtigung verliert.« (*Frankfurter Rundschau,* 4.1.1996)

Nick of Time

Es kam die Zeit, in der Johnny Depp sich in Amerika nicht mehr wohl fühlte. 1994 war sein gemietetes Heim im Laurel Canyon bei Los Angeles durch das Erdbeben zerstört worden, während der Star in London weilte. Laurel Canyon besaß für Depp eine besondere Anziehungskraft, denn dort befand sich das Haus des legendären Entfesselungskünstlers Harry Houdini. Johnny besuchte den Ort hoch über dem Canyon, obwohl von Houdinis Haus nur noch ein paar gespenstische Ruinen übriggeblieben waren.

»Canyon-Residenzen, hoch über den Klippen, haben ein Geheimnis. Es gibt heute kein Haus mehr hier. Aber ich wette, dies war einst ein romantischer Ort in der Nacht. Ich denke oft daran, daß ich gern Houdini gewesen wäre.«

Obwohl der wurzellose Weltenbummler, der sich jahrelang in Hotels aufhielt, sich bei Freunden oder kurzfristig in Appartements einmietete, von Europa träumte, erwarb er im Oktober 1995 ein Haus in Los Angeles. Es war eigentlich eine Villa mit gotischem Einschlag, ein verwunschenes Schlößchen mit Türmen und Rondells, und gehörte in den dreißiger Jahren dem Horrorstar Bela Lugosi, als dieser dem Höhepunkt seiner Karriere zustrebte.

Das märchenhafte Anwesen liegt nahe beim Sunset Boulevard und umfaßt umfangreichen Grund und Boden; Johnny Depp kaufte es für 2,3 Millionen Dollar von dem prominenten Scheidungsanwalt Marvin Mitchelson.

Johnny Depp sprach häufig davon, den Vereinigten Staaten den Rücken zu kehren und nur noch zum Filmen nach Hollywood zu kommen, sich aber in Frankreich niederzulassen. Nach der Premiere des Films *Don Juan de Marco* in Europa gab er im August 1995 in einem Luxushotel in Paris zu Protokoll: »Ja, ich suche nach einem Haus, hier oder in Südfrankreich, wo ich mir eine Abtei aus dem 12. Jahrhundert angesehen habe, die mir sehr gefällt. Ich bin gern in Europa, weil ich mich hier nicht so beobachtet fühle wie in Los Angeles ... Ich

Johnny Depps Schlößchen in Los Angeles

fühle eine Art Magie in der Luft, eine Atmosphäre, die es nirgendwo anders auf der Welt gibt und ganz sicher nicht in den USA. Die Pariser lieben ihre Stadt, die Kultur, die Denkmäler, wie kein Amerikaner seine Stadt lieben würde. Ich nehme an, diese Liebe hat mich irgendwie angesteckt.«

Der Rebell Hollywoods träumte davon, endgültig seßhaft zu werden, Kate Moss zu heiraten und Kinder großzuziehen. Gleichzeitig fühlte er sich, nach seinen eigenen Aussagen, noch als Junge mit siebzehn, obwohl er die Dreißig überschritten hatte. Als weigerte er sich, erwachsen zu werden.

Schließlich kolportierten die Magazine Ende 1995 eine Krise in der Beziehung zu Kate. Johnny wollte eine Familie gründen, sein unstetes filmisches Globetrotterleben aber nicht aufgeben. Kate sollte ihre Karriere an den Nagel hängen, aber dazu war sie nicht bereit. Am 6. Oktober 1995 meldete die britische Zeitung *The Sun,* das Paar habe sich getrennt.

Johnny Depp und Kate Moss bei der Premiere von ›Don Juan de Marco‹ am 3. April 1995 in Beverly Hills

Während Kate Moss in New York Mode machte, zog Johnny Depp sich in den *Viper Room* zurück. Freunde dementierten die Trennungsnachricht und behaupteten, die beiden seien nach wie vor ein glückliches Paar.

Im Jahr 1995 stellte Johnny Depp seine Vorliebe für Außenseiterfiguren zurück und übernahm erstmals eine Rolle in einem Thriller. Der Film hieß *Nick of Time,* die Geschichte basierte auf der Grundidee des Hitchcock-Krimis *The Man Who Knew too Much;* die Konstruktion der Story wurde aber stark verändert. Regie führte John Badham.

Hitchcock drehte zwei Versionen der Geschichte, 1934 mit Peter Lorre und Leslie Banks, 1956 mit James Stewart und Doris Day. Zwei Touristen unternehmen eine Reise in die Schweiz (in der zweiten Fassung nach Marokko) und erfahren durch Zufall von einem Mordkomplott gegen einen Botschafter. Um das Paar zum Schweigen zu bringen, kidnappen die Agenten das Kind der Eheleute. Höhepunkt bei Hitchcock ist ein Konzert in der Albert Hall, wo der Mord in der Sekunde ausgeführt werden soll, in der ein Beckenschlag des Orchesters ertönt.

Johnny Depp in ›Nick of Time‹

Johnny Depp spielt in *Nick of Time* den harmlosen Buchprüfer Gene Watson, dem Bösewichter eines Tages seine kleine Tochter entführen. Um sie wiederzubekommen, wollen sie ihn zwingen, einen Mord an einem Unbekannten zu begehen. Der Badham-Film bezieht seine Spannung aus dem dramaturgischen Kunstgriff, Filmzeit und reale Zeit gleichzusetzen. Der Zuschauer weiß genausowenig wie Johnny Depp, wer die Person ist, die er in den nächsten achtzig Minuten um die Ecke bringen soll, und ob er den Mord überhaupt ausführen wird oder seine Tochter selbst befreien kann.

Die Verpflichtung von Christopher Walken, brillant in der Gestaltung zwielichtiger Typen, als seinem Gegenspieler war einer der Gründe, weshalb Johnny Depp sich auf den Film einließ. Da er im wirklichen Leben davon träumte, eine Familie zu gründen, kam ihm die Rolle als Vater gerade recht.

»Gene geht durch ein Wechselbad der Gefühle«, erklärte Johnny seinen Part. »Die Rolle war mir sehr eingängig, Familie ist wichtig für mich. Ich habe Nichten und Neffen, die ich gern habe. Wenn ihnen etwas passieren sollte, würde ich durchdrehen und alles tun, um sie zu retten.«

Der größte Teil des Films wurde im »Westin Bonaventure Hotel« in Downtown Los Angeles gedreht in der Nähe des Bahnhofs, wo der Film auch beginnt. Die Dreharbeiten erstreckten sich vom 2. April bis zum 19. Juni 1995. Der Thriller wurde von John Badham im Stil eines Dokumentarfilms inszeniert. »Wir drehten eine Reihe von Szenen mit zwei oder drei Kameras gleichzeitig«, erläuterte der Regisseur. »Damit vermieden wir unnötige Wiederholungen und erreichten eine gewisse Frische und Spontaneität im Spiel.«

Im Sommer 1995 ließ Johnny Depp sich auf das Abenteuer *Divine Rapture* ein. Es sollte eine schwarze Komödie über katholische Mysterien werden, mit dem Schauplatz und Drehort Irland. Johnny Depp sollte einen Journalisten spielen, der göttlichen Wundern auf die Spur kommen will. Er reist nach Irland und trifft dort auf einen seltsamen Priester, gespielt von Marlon Brando. Dann gab es als weiteren Star auf der

›Nick of Time‹

Besetzungsliste Debra Winger als Frau eines Fischers, die nach ihrem Tod wieder aufersteht; einen Doktor in dieser himmlischen Komödie mimte John Hurt.

Die Geschichte roch nach einer Mixtur aus blasphemischem Ulk und Satire, der Regisseur hieß Thom Eberhardt, die Produktionsfirma Cinefin. Gedreht wurde in dem Ort Ballycotton in der Grafschaft Cork. Doch nachdem zwanzig Minuten abgedreht waren, hatte das Wunder ein Ende. Aber nicht nur, daß dem Filmteam zweimal eine Kirche als Drehort verweigert wurde, es gab auch plötzlich Probleme mit der Produktion. Man glaubte nicht an den Erfolg und stoppte die Dreharbeiten. Oder weil kein Geld mehr da war, wollte man das Risiko minimieren.

Als einziger verstand es der alte Fuchs Marlon Brando, von seiner Gage von vier Millionen Dollar eine Million vorab zu kassieren. Johnny Depp war nicht so clever und ging wie die anderen Stars leer aus; dafür hatte er den Ort schon eine Woche vor dem endgültigen Stopp der Dreharbeiten verlassen und war nach Frankreich zu Kate Moss geflogen.

Durch das Scheitern dieses Films konnte Johnny Depp Urlaub machen in diesem Sommer, ehe er im Herbst in einer britischen Produktion mit dem Titel *The Cull* eine Rolle übernahm.

Johnny Depp tanzt inzwischen auf allen Hochzeiten. Der Workaholic stürzte sich von einem Film in den nächsten, daneben gibt es einige Projekte, über die gesprochen wird. Dazu gehört Francis Ford Coppolas Idee, den Roman »On the Road« von Jack Kerouac zu verfilmen – mit Johnny Depp in der Hauptrolle. Johnny hat im Hinblick auf diesen Film bereits auf einer Auktion Kerouacs alten Regenmantel für neuntausenddreihundert Dollar erworben.

Ein weiteres Projekt ist der Film *Donnie Brasco,* die Geschichte eines FBI-Agenten, der die Mafia infiltriert. Als Partner von Johnny Depp in diesem Thriller ist Al Pacino vorgesehen, die Regie soll Mike Newell übernehmen.

Kein Wunder, daß bei all diesen Aktivitäten in Johnny Depp der Wunsch entstand, sich für eine Weile von allem zurückzuziehen und eine schöpferische Pause einzulegen.

Nach all seinen Erfahrungen liegt es nahe, daß er auch einmal selbst Regie führen will. Johnny hat mit seinen Freunden schon einige Musikvideos gedreht, und nun plant er, seinen ersten eigenen Spielfilm zu realisieren mit dem Titel *The Brave,* nach einem Roman von Gregory McDonald. Es ist die Geschichte eines Opfers. Ein Mann lebt mit seiner Familie in irgendeinem Drecksnest in der Wüste. Er ist Indianer und erhält die Chance, in einem billigen Film mitzuspielen. Kann er dadurch seine Familie retten?

Johnny Depp, einer der talentiertesten jungen Stars des Hollywood-Films, sucht ständig neue Herausforderungen, und er geht immer wieder zu seinen Wurzeln zurück. Jeder Tag bringt neue »letzte« Meldungen über ihn. Ein Gerücht lautet,

Ständig neue Herausforderungen: Johnny Depp

er würde unter der Regie von Barry Levinson die Figur des Bobby Darin spielen; das war einer der beliebtesten Popstars der fünfziger und sechziger Jahre in Amerika. Er galt als Liebling der Frauen und starb mit siebenunddreißig Jahren überraschend an einem Herzinfarkt.

Johnny Depps Arbeitsrhythmus legt die Gefahr nahe, daß er zu den Frühvollendeten Hollywoods gehören könnte – wie James Dean oder River Phoenix. Vielleicht wird man ihn aber auch in ein paar Dutzend Jahren weiterhin in Filmen sehen, gealtert und gereift wie sein Idol Marlon Brando.

Filmographie

Abkürzungen: R: Regie. B: Drehbuch. K: Kamera. M: Musik. Sch: Schnitt. P: Produktion. V: Verleih. L: Länge. D: Darsteller.

Nightmare – Mörderische Träume
(Nightmare on Elm Street)
USA 1984. R, B: Wes Craven. K: Jacques Haitkin. M: Charles Bernstein. Special Effects: Jim Doyle. P: New Line Cinema. V: Senator. L: 91 Min.
D: John Saxon (Lt. Thompson), Ronee Blakley (Marge Thompson), Heather Langenkamp (Nancy Thompson), Amanda Wyss (Tina Grey), Nick Corri (Rod Lane), Johnny Depp (Glen Lantz), Robert Englund (Freddy Krueger), Charles Fleischer.

Private Resort (Videotitel: Die Superaufreißer)
USA 1985. R: George Bowers. B: Gordon Mitchell. P: Tri Star Pictures. L: 79 Min.
D: Rob Morrow (Ben), Johnny Depp (Jack), Hector Elizondo (The Maestro), Dody Goodman (Mrs. Rawlings), Tony Azito (Reeves), Emily Longstreth (Patti), Karyn O'Brien (Dana).

Slow Burn (TV-Titel: Kalte Hölle)
USA 1986. R, B: Matthew Chapman. P: Castles Burning Productions/MCA. L: 94 Min.
D: Eric Roberts (Jacob Asch), Beverly D'Angelo (Laine Fleischer), Dennis Lipscomb (Ron McDonald), Emily Longstreth (Pam Draper), Johnny Depp (Donnie Fleischer), Dan Hedaya (Simon Fleischer), Henry Gibson (Robert), Anne Schedeen (Mona).

Platoon
USA 1986. R, B: Oliver Stone. K: Robert Richardson. M: Georges Delerue. Songs: »Jefferson«, Merle Haggard. Sch:

Dreharbeiten zu ›Nick of Time‹

Claire Simpson. Special Effects: Yves De Bono. P: Arnold Kopelson/Hemdale. V: 20th Century Fox. L: 120 Min.
D: Tom Berenger (Sergeant Barnes), Willem Dafoe (Sergeant Elias), Charlie Sheen (Chris), Forest Whitaker (Big Harold), Francesco Quinn (Rhah), John C. McGinley (Sergeant O'Neill), Kevin Dillon (Bunny), Johnny Depp (Lerner).

Cry Baby
USA 1990. R, B: John Waters. K: David Insley. M: Patrick Williams. Songs: »Cry Baby«, »Bunny Hop«, »Mr. Sandman«, »Please, Mr. Jailer«, u. a. Sch: Janice Hampton. P: Rachel Talalay/Image Films Entertainment. V: UIP. L: 85 Min.
D: Johnny Depp (Cry Baby), Amy Locane (Allison), Susan Tyrell (Ramona), Polly Bergen (Mrs. Vernon-Williams), Iggy

Pop (Belvedere), Ricki Lane (Pepper), Traci Lords (Wanda), Kim McGuire, Stephen Mailer, Joe Dallesandro, Patricia Hearst, Willem Dafoe.

Edward mit den Scherenhänden (Edward Scissorhands)
USA 1990. R: Tim Burton. B: Caroline Thompson. K: Stefan Czapsky. M: Danny Elfman. Sch: Richard Halsey. Songs: Tom Jones u. a. Special Effects: Stan Winston Studio. P: Denise Di Novi/Tim Burton/20th Century Fox. V: 20th Century Fox. L: 104 Min.
D: Johnny Depp (Edward), Winona Ryder (Kim), Dianne Wiest (Peg), Anthony Michael Hall (Jim), Kathy Baker (Joyce), Robert Oliveri (Kevin), Vincent Price (der Erfinder), Alan Arkin (Bill), Conchata Ferrell, Caroline Aaron.

Arizona Dream
USA 1992. R: Emir Kusturica. B: David Atkins, Emir Kusturica. K: Vilko Filac. M: Goran Bregovic. Sch: Andrija Zefranovic. Special Effects: Peerless Camera. P: Claude Ossard, Yves Marmion/UGC, Constellation. V: Senator. L: 120 Min.
D: Johnny Depp (Axel Blackmar), Jerry Lewis (Leo), Faye Dunaway (Elaine), Lili Taylor (Grace), Vincent Gallo (Paul), Michael J. Pollard (Fabian), Paulina Porizkova (Millie), Sal Jenco, Iggy Pop, Candyce Mason, Alexia Rane, Polly Noonan, Tricia Leigh Fischer.

Benny und Joon (Benny & Joon)
USA 1993. R: Jeremiah Chechik. B: Barry Berman. K: John Schwartzman. M: Rachel Portman. Songs: The Proclaimers, Temple of the Dog, Steve Winwood. Sch: Carol Littleton. Special Effects: J. D. Streett IV. P: Susan Arnold, Donna Roth/MGM. V: UIP. L: 99 Min.
D: Johnny Depp (Sam), Mary Stuart Masterson (Joon), Aidan Quinn (Benny), Julianne Moore (Rithie), Oliver Platt (Eric), C. C. H. Pounder, Dan Hedaya, Joe Grifasi, William H. Macy, Liane Alexandra Curtis.

Gilbert Grape – Irgendwo in Iowa (What's Eating Gilbert Grape)

USA 1993. R: Lasse Hallström. B: Peter Hedges. K: Sven Nykvist. M: Alan Parker, Björn Isfält. Songs: The Manor High School Band, Joseph S. DeBeasi. Sch: Andrew Mondsheim. Special Effects: Howard Jensen. P: Bertil Ohlsson, David Matalon, Merr Teper/Paramount Pictures. V: Buena Vista. L: 117 Min. D: Johnny Depp (Gilbert Grape), Juliette Lewis (Becky), Leonardo DiCaprio (Arnie), Mary Steenburgen (Mrs. Carver), Darlene Cates (Mrs. Grape), Laura Harrington (Amy), Mary Kate Schellhardt (Ellen), Kevin Tighe, John C. Reilly, Crispin Clover, Penelope Branning, Tim Green, Susan Lougghran.

Ed Wood

USA 1994. R: Tim Burton. B: Scott Alexander, Larry Karaszweski, nach dem Buch »Nightmare of Ecstasy« von Rudolph Grey. K: Stefan Czarpsky. M: Howard Shore. Songs: »Bunny Hop« (Anthony/Auletti), »Kuba Mambo« (Perez Prado), »Que Sera Sera« (Livingston/Evans) u. a. Sch: Chris Lebenzon. Special Effects: J. Kevin Pike. P: Denise Di Novi, Tim Burton/Touchstone Pictures. V: Buena Vista. L: 127 Min.
D: Johnny Depp (Ed Wood), Martin Landau (Bela Lugosi), Sarah Jessica Parker (Dolores Fuller), Patricia Arquette (Kathy O'Hara), Jeffrey Jones (Criswell), G. D. Spradlin (Reverend Lemon), Vincent D'Onofrio (Orson Welles), Bill Murray (Bunny Breckinridge), Mike Starr (Georgie Weiss), Lisa Marie (Vampira).

Don Juan de Marco

USA 1994. R, B: Jeremy Leven. K: Ralf Bode. M: Michael Kamen. Songs: »Have You Ever Really Loved A Woman?« (Bryan Adams), »Loco loco« (Kamen), »El Toro Relajo« (Selena) u. a. Sch: Tony Gibbs. P: Francis Ford Coppola, Fred Fuchs, Patrick Palmer/American Zoetrope Productions. L: 94 Min.

D: Marlon Brando (Jack Mickler), Johnny Depp (Don Juan de Marco), Faye Dunaway (Marilyn Mickler), Geraldine Pailhas (Doña Ana), Bob Dishy (Paul Showalter), Rachel Ticotin (Doña Inez), Talia Soto (Doña Julia), Marita Geraghty, Richard Sarafian, Tresa Hughes, Stephen Singer, Franc Luz.

Dead Man
USA 1995. R, B: Jim Jarmusch. K: Robby Müller. M: Neil Young. Sch: Jay Rabinowitz. P: Demetra J. Macbride/Pandora Film/Newmarket Capital Group. L: 135 Min.
D: Johnny Depp (William Blake), Gary Farmer (Nobody), John Hurt (Schofield), Robert Mitchum (Dickinson), Mili Avital (Thel), Gabriel Byrne (Charlie), Lance Henrikson (Cole), Alfred Molina, Iggy Pop, Crispin Clover.

Nick of Time
USA 1995. R: John Badham. B: Patrick Sheane, Ebbe Roe Smith. P: Paramount Pictures. L: 95 Min.
D: Johnny Depp (Gene Watson), Christopher Walken (Mr. Smith), Roma Maffia (Mrs. Jones), Charles Dutton (Huey), Marsha Mason (Eleanor Grant), Peter Strauss (Mr. Grant), Gloria Reuben (Krista Brooks), Courtney Chase, Bill Smitrovich, G. D. Spradlin.

Register

Kursivierte Seitenzahlen beziehen sich auf Bildlegenden